스타일 스위칭

이제 일하는 방식을 바꿔라!

스타일 스위칭

STYLE SWITCHING

김명희 | 김시내 | 김주현 | 김행미 | 설금희 | 조유진 지음

슬로디미디어

apostille 추천사

긴 조직생활을 되돌아보니 가장 중요했던 것은 '관계'였다. 조직 내에서 '관계'를 고민하는 분들께, 크고 작은 갈등을 현명하게 해결해온 저자들의 노하우가 담긴 《스타일 스위칭》을 추천한다.

— 전 IBK기업은행 행장 • YTN 대표이사 조준희

앞으로 조직에 필요한 인재는 다양성을 유연하게 대처할 수 있는 사람이다. 조직 내부에 존재하는 편견과 장애물을 포용하는 리더로 성장하고 싶다면 스타일 스위칭을 해라.

— 위민인이노베이션 회장 • 푸르덴셜생명 회장 손병옥

조직심리학 교과서를 아무리 탐독해도 조직생활에서 인간관계로 인해 겪는 갈등을 해결하기는 쉽지 않다. 하지만 이 책은 조직문화심리이론과 오랜 직장생활을 통해 저자들이 직접 습득한 경험이 결합되어 학교에서는 가르쳐줄 수 없는 실제적인 도움을 준다. 이 책은 조직심리학 분야의 필독서 중 하나가 될 것이다.
- 연세대학교 산업 및 조직심리학 교수 손영우

다름을 틀림으로 받아들이는 조직 문화로 신구 간의 갈등이 발생하고 있다. 세대 간 그리고 계층 간의 다양한 생각과 업무 방식을 인정하는 실질적인 방법을 찾는 사람들에게 이 책을 적극 추천한다.
- SC제일은행 상무 이기경

리더십 역량 개발을 고민해야 하는 담당자로서 업무 스타일의 이해를 통한 스타일 스위칭이 어쩌면 가장 실질적인 변화의 방법일 수도 있다는 점을 알게 되었다. 새로운 리더십 프로그램을 고민하고 있는 담당자라면 일독을 권한다.
- 동화기업 인재개발실장 최주영

prologue 프롤로그

왜 이 책을 썼는가?

대부분의 사람들은 조직생활을 하면서 다양한 사람들과 한 공간에서 같은 목표를 위해 하루에 최소 8시간 이상을 부딪치며 치열하게 살고 있다. 인기 웹툰에서 드라마로 만들어져 수많은 직장인들의 공감을 얻었던 〈미생〉을 기억하는가? 그 당시 유행했던 대사들이 많았지만 그중에서도 유독 많은 사람들의 가슴에 와서 꽂혔던 말이 있다. 바로 주인공이 회사를 그만두고 사업을 하다 망한 선배를 만났을 때 그 선배가 소주잔을 기울이며 씁쓸하게 한 이야기다.

"회사가 전쟁터라고 했지?"
"밀어낼 때까지 그만두지 마라…. 밖은… 지옥이다."

드라마이기 때문에 극단적인 표현을 사용했을 수도 있다. 하지만 직장생활을 하는 대부분의 사람들에게 조직에서 일한다는 것은 마치 전쟁터처럼 즐거울 때보다는 힘들고 어려울 때가 더 많을 지도 모른다.

청년 실업이 사회문제가 될 만큼 취업이 힘들지만, 대학 4년을 꼬박 공부해서 높은 학점을 따고, 해외연수를 포함한 필요한 스펙이란 스펙은 다 쌓아서 대기업을 들어간 사람도 1년이 채 되기도 전에 조직생활에 대한 실망감과 적응하기 어려운 조직 문화 등을 이유로 이직을 하고 있다. 반면, 조직에 있는 사람들은 요즘 젊은 친구들이 너무나 개인주의적이고 스펙만 화려하지 제대로 일을 할 줄 모른다고 불만을 토로하기도 한다.

이 책은 이렇게 조직에서 빈번하게 발생하는 구성원들 간의 갈등을 문화적 차이에서 발생하는 업무 스타일의 차이로 확인해보고, 문화가 '관계'에서 어떻게 영향을 끼치는지 다양한 에피소드를 중심으로 소개한다. 또한 간단하게 자신의 업무 스타일을 점검해보고, 업무 스타일에 따라 조직에서 빈번하게 발생하는 상호관계Interaction 즉, 메일, 면대면, 회의 등의 상황에서 적용할 수 있는 실질적인 팁을 제공한다.

이 책에 나오는 다양한 에피소드는 전·현직 임원들이 조직생활에서 실제로 겪었던 이야기로, 독자들도 한번쯤은 경험해봤을 이야기이다. 책을 읽어가는 과정에서 본인이 이런 상황 속에 있었다면 어떻게 했을까를 한번 생각해보고, 조직생활에서의 자신의 모습을 인식해볼 수 있는 기회가 되기를 바란다. 그리고 조직에서 함께 일하는 상사, 동료, 혹은 부하 직원들과의 불필요한 갈등을 없애고 서로의 성장과 자아실현을 지지하는 진정한 신뢰관계를 구축하는 변화의 계기가 되었으면 한다.

이 책은 누구를 위한 책인가?

이 책의 저자들은 함께 업무 스타일 진단과 해석 관련 수업을 진행하는 과정에서 이런 내용을 회사에 다닐 때 알고 있었더라면 얼마나 좋았을까 하는 이야기를 하게 되었다. 즐겁고 기쁜 일도 많았지만 '관계' 속에서 얼마나 많은 오해와 갈등으로 괴로워했던가? 그 많았던 갈등이 정말 처음부터 서로 미워서 혹은 싫어서 시작되었다기보다 아주 작고도 사소한 오해와 다름으로 인해 발생했던 사건들이 겹겹이 쌓이면서 갈등으로 전개되었음을 세월이 지나고 나서야 알게 되는 경우도 많았다.

회사에 다니면서 일어나는 많은 '관계'에서의 갈등이 서로의 문화 차이와 그로 인한 업무 스타일 및 기대치 차이에서 발생할 수 있다는 것을 미리 알고 있다면 회사에 출근하는 것이 조금은 더 즐거워지지 않을까?
이러한 생각들의 끝에 직장인들에게 조금이나마 도움이 되고자 이 책을 쓰게 되었다.

이 책은 이러한 사람들에게 많은 도움을 줄 것이다.

- 성공적인 조직생활을 하고자 하는 직장인.
- 조직 내 상사나 부하 직원들 간에 갈등이 있고, 그 갈등을 해결하고 싶은 사람들.
- 다양한 팀원들로 구성되어 있는 팀에 단단한 팀워크를 만들고 싶은 팀장들.
- 조직 문화에 이질감을 느끼고 새로운 회사로 경력 전환을 하고

싶은 사람들.
- 현재의 위계적인 조직 문화 등을 새로운 환경에 맞는 유연한 조직 문화로 바꾸고 싶은 조직 문화 전문가들.
- 조직 문화 변화를 위해 새로운 교육 프로그램이나 툴을 찾고 있는 기업교육 전문가들.
- 리더의 업무 스타일 이해를 통해 리더십 역량을 개발해주는 코칭 전문가들.

특히 한국의 조직 문화가 빠르게 변하고 있는 글로벌 경쟁 상황에서 생존하기 위해 좀 더 수평적이고 유연한 조직 문화로 바꾸어가야 한다고 생각하고, 그 방법을 찾고 있는 조직 문화 담당자나 기업교육자에게 이 책을 권한다.

이 책에 포함되어 있는 내용은?
이 책은 비교문화이론을 기본으로 개발된 5가지 문화차원을 업무 스타일 진단으로 풀어낸 글로브스마트^{GlobeSmart}라는 진단 도구를 이용한다. 에피소드를 중심으로 내용이 진행되기 때문에 처음 접하는 독자들도 쉽게 이해하고 실질적으로 적용해볼 수 있을 것이다.

contents

추천사
프롤로그

part 1
스타일 스위칭: 왜 업무 스타일을 바꿔야 하는가?

아직도 열심히만 하는 당신,
이제는 다양한 사람들과 일할 줄 알아야 인정받는다 ::017
역량? 업무 스타일에 따라 다르게 보일 수 있다 ::024
사소한 차이가 갈등이 된다 ::033
업무 스타일은 얼마든지 바꿀 수 있다 ::035
'1 + 1 = 3'을 만드는 마법의 힘 – '관계' ::039

part 2
5가지 문화차원에 따른
10가지 일하는 방식

독립적 vs 상호의존적
당신의 조직 내 정체성과 업무 스타일 ::047
역량에 대한 기대 행동 차이 ::051
회의의 정의와 목적의 차이 ::052
업무 스타일 생각해보기 ::054
업무 스타일별 상황 살펴보기 ::055
조직을 위해서라면! | 일 잘하는 최 대리의 유일한 흠 | 회의 시간을 '얼음'으로 만들어 버린 질문 | 기다리지 않고 직접 나서서 쟁취한 승진! | 부문 간 협업에 대한 감사의 표시… 기대치도 각각
업무 스타일의 특징 ::072
독립적 – 상호의존적 업무 스타일 스위칭하기 ::073

평등적 vs 위계적
자신이 선호하는 조직 구조 및 권력 분배 방법과 업무 스타일 ::079
일상생활에서 보이는 평등과 위계 ::081
조직에서 보이는 평등과 위계 ::082

상사의 역할에 대한 기대 차이 ::084
업무 스타일 생각해보기 ::085
업무 스타일별 상황 살펴보기 ::086
달라도 너무 다른 회의 문화 | 사장님, 전 그런 의도가 아니었어요! | 상사의 마음을 얻는 비책 | 앗, 내가 그렇게 위계적이었던가? | 코드가 맞는 상사를 만난 행운
업무 스타일의 특징 ::105
평등 – 위계 업무 스타일 스위칭하기 ::106

모험 지향 vs 안전 지향
불확실한 상황에서의 의사 결정 방법과 업무 스타일 ::111
직무에서 보이는 모험 지향 VS 안전 지향 ::113
업무 스타일 생각해보기 ::114
업무 스타일별 상황 살펴보기 ::115
추천해주세요! | 보고를 위한 보고서 작성보다는 일단 행동으로! | 제대로 된 의사 결정을 위한 확실하고도 구체적인 현장 확인! | 조용한 직원의 반란
업무 스타일의 특징 ::130
모험 지향 – 확실성 지향 업무 스타일 스위칭하기 ::131

직접적 vs 간접적
업무 상황에서의 커뮤니케이션 방법과 업무 스타일 ::137
의사소통에서의 정확성 책임 ::138
의사소통 수단의 차이 ::139
업무 스타일 생각해보기 ::141
업무 스타일별 상황 살펴보기 ::142
나 혼자만의 착각 | 너무 직설적이었을까? | 직접적 소통을 했어야만 했다! | 어련히 알아서 하겠거니…
업무 스타일의 특징 ::155
직접 – 간접 업무 스타일 스위칭하기 ::156

업무 중심 vs 관계 중심

새로운 일을 하게 되었을 때, 업무와 관계 중의 우선순위와 업무 스타일 ::161
관계의 목적과 의미 차이 ::163
업무를 우선적으로 생각하는 것이 효율적일까? ::164
업무 스타일 생각해보기 ::166
업무 스타일별 상황 살펴보기 ::167
해도 해도 너무해 | 사내 네트워크의 힘: 한국 회사 | 사내 네트워크의 힘: 미국 회사 | 소처럼 일하지 말고 여우처럼 일해라
업무 스타일의 특징 ::182
업무 중심 – 관계 중심 업무 스타일 스위칭하기 ::183

part 3
스타일 스위칭으로 조직을 변화시켜라!

업무 스타일을 바꾸면 조직 문화가 바뀐다 ::191
조직 문화는 기업의 모든 것에 스며 있다 ::194
어느 신입사원의 생존 방법 ::197
경력직으로 들어온 전문가가 흔히 하는 실수 ::200
스타일 스위칭 해보기 ::203
우리 팀이 달라졌어요! ::213
팀의 업무 스타일 스위칭 해보기 ::222
스위칭에서 변화로 정착시키기 ::226

에필로그

스타일 스위칭:
왜 업무 스타일을
바꿔야 하는가?

아직도 열심히만 하는 당신, 이제는 다양한 사람들과 일할 줄 알아야 인정받는다

요즘 기업 현장에 가보면 이제까지의 연공서열과는 상관없이 매우 다양한 사람들로 구성된 팀을 만나게 된다. 1990년대 말 금융위기 이후 급속하게 도입되기 시작한 성과급제와 발탁인사를 기폭제로 단위 조직들은 산업 전반에 팽배했던 연공서열의 구조를 넘어서 직급과 나이가 다양해지게 된 것이다.

예전에는 회사에서 같은 일을 하는 사람들은 대부분 비슷한 경험과 경력을 가지고 있었다. 신입사원은 대학교를 갓 졸업한 사람들이었고, 팀장은 회사에서 10년 정도 근무한 부장급의 40대 남성이 대부분이었다. 그러나 요즘은 연령과 경험이 비슷한 사람들끼리만 일하는 경우가 드물다. 일에 대한 개개인의 경험이 다양하고 심지어는 외국인들과 함께 일하는 경우도 생긴다.

기업은 신입사원을 채용해서 육성하는 것에 시간을 투자하기보다

현업에 바로 활용할 수 있는 경력 직원의 투입을 선호한다. 한 회사에서 오래 일한 사람이 아닌 다양한 회사에서 일해본 사람들이 그들의 경험을 활용하여 조직 내에서 전문가 역할을 한다. 이제는 대학교를 졸업하자마자 한 회사에 소속되어 몇 십 년을 근무하는, 소위 OO맨이 되는 사람은 거의 없다.

또한 업무 환경이 달라짐에 따라 프리랜서나 시간제 근무와 같은 새로운 고용 형태가 생기면서 개인의 경력 개발의 방법론이 다양해졌다. 사람들은 경력 개발에 도움이 된다면 얼마든지 회사를 옮겨 다니고, 때로는 국경을 넘나들기도 한다. 탄탄한 계획을 세워 열심히 자기 개발을 한 사람들은 남들보다 어린 나이에 높은 직급에서 일하고 있고, 그렇지 않은 사람은 승진에 도태되거나 만년 과장이 되기도 한다.

기업에서 일반화되고 있는 팀 구성

	성별	나이	직급	경력
팀장	남	42	차장	경력직 3년 차
팀원 1	남	51	부장	공채 25년 경력
팀원 2	여	38	차장	경력직 7년 차
팀원 3	남	31	대리	공채 4년 차
팀원 4	여	33	대리	경력직 3년 차
팀원 5	남	28	사원	공채 1년 차(해외 MBA 출신)
팀원 6	여	24	인턴	대학교 4학년

조직 내외부의 인력의 다양성은 점점 증가하고 있는데, 우리는 이러한 변화에 얼마나 유연하게 대처하고 있는가? 아직도 구성원들이 리더에게 맹목적으로 맞춰주어야 한다거나, 동일한 방법으로 일하는 사람들이 모여 있는 팀이 효율적으로 성과를 달성한다는 획일적인 발상은 변화하는 시대를 거스르는 사고방식이다. 그렇다면, 이러한 다양성은 조직에 어떤 영향을 끼치고 있을까?

■ 다르기 때문에 발생하는 소통의 어려움

언제부터인가 조직에서 '소통'은 가장 어려운, 넘어야 할 산이 되었다. 소통이 되지 않는 조직은 직원들의 이탈과 퇴직으로 생산성이 저하되고 경쟁력이 떨어지는 결과를 낳게 되었다. 최근 몇 년간은 '소통' 관련 테마가 기업 교육의 한 축을 이루고 있다.

커뮤니케이션을 촉진하기 위해 개인의 성격이 다름을 이해하고 커뮤니케이션에 활용할 수 있는 프로그램들이 지속적으로 쏟아졌다. 그 결과, MBTI 성격 유형 검사나 DISC 등은 신입사원 교육부터 리더십 교육 및 팀장,임원 코칭 프로그램에서도 빠지지 않는 구성 요소가 되었다.

성격 유형 검사 등의 활용은 다름을 이해하는 데 상당히 많은 도움을 주었다. 그러나 모든 차이점을 성격이나 행동 유형으로 규정하다 보니 당신과 성격이 다른 사람을 이해하고 배려해야 한다는 것 외에는 적용할 수 있는 방법이 없었다. 실제 업무상에서는 성격진단의 결과가 구성원들의 행동 변화를 위한 수단으로 활용되기보다는 단순히 행동을 규정짓는데 그치고 있어 아쉽다. 조직 내에서 성격이 두드러지게 다른 사람은 성격 그 자체가 꼬리표가 되는 경우도 생긴다.

MBTI의 4가지 차원에서 업무 스타일과 가장 연관된 판단Judging과 인식Perceiving형을 예로 들어보겠다. 일을 할 때 기한에 임박해서 착수하는 경향이 있고 상황에 따라 유연하게 대처할 수 있는 강점을 가진 인식형의 부하 직원이 있다. 반대로 계획표부터 먼저 만들고 업무를 할 때 일정표에 따라 미리 차근차근 챙기는 판단형 상사가 있다. 이 둘이 함께 하면 어떤 일이 발생할까? MBTI 성격 교육을 받고 미리 성향을 파악했기 때문에 이해하면서 일을 한다고 하지만 부하 직원이 업무 기한을 못 지킨다면 상사는 "저 친구는 인식형이라서 안 된다니까…."라는 생각을 가질 수 있다. 개인의 성격에 화살이 돌아가고 만 것이다. 또 본인에게는 자신의 행동에 대한 핑계로 사용되기도 한다. 결국 모든 상황이 개인 대 개인의 성격 문제로 종결되게 되면서 감정이 쌓이고, 이러한 부정적 감정은 결국 조직 내 갈등의 원인이 되기도 한다.

조직 내에서 발생하고 있는 다양한 갈등을 이러한 성격의 차이로만 설명하고 해결하기에는 부족한 점이 있다. 세대 차이로 인한 갈등, 여성과 남성이 같이 일하면서 일어나는 갈등, 외국 사람들과의 차이, 외국 생활을 오래하고 돌아온 사람들과의 차이 등을 좀 더 쉽게 이해하고 극복할 수 있는 방법은 정말로 없는 것일까?

■ 세대 간의 문화 차이는 조직 내 계층 갈등이 된다

이제까지 우리나라는 단일 문화권에 속한 나라였다. 지리적 위치로 보면 동쪽 끝에 위치하며 삼면이 바다로 둘러싸인 반도 국가이다. 주변에 있는 나라는 가까운 듯 보이지만 아직도 앙금이 가라 앉지 않아 가까운 듯 하다가도 어느 순간 사소한 이슈로도 멀어지는 일본, 땅의 크기로 보면 북한을 포함한 한반도보다 44배나 넓은 중국, 그리고 같은 민족이면서도 절대 넘어설 수 없는 북한이 전부이다. 거기에 북한과 국경을 나누고 있는 러시아까지 포함하면 4개국 정도이다.

물론 북한을 제외하고 인터넷으로 전 세계 모든 국가가 연결되는 글로벌 시대이기에 이러한 지리적 위치는 큰 의미가 없어졌다. 인터넷으로 인한 변화는 겨우 15~20년 전부터 시작되었다. 아직까지도 회사에서 의사결정자로 주요 결정을 하는 직책에 있는 사람들은 대부분 단일문화권에서 성장한 사람들, 즉 1950~1960년대에 태어난 사람들이다. 사람들의 행동 근원이 내면의 가치관에서 출발한다면 그런 가치관은 대부분 청소년기를 어떻게 보냈는가에 달려 있다. 현재 조직에서 의사 결정을 하는 임원들과 우리나라의 경제 발전의 수혜자로 기성세대 대비 경제적 어려움 없이 성장해서 주요 경쟁 활동 인구가 된 1980~1990년대생들과는 엄청난 가치관의 차이가 있을 수밖에 없다.

특히 최근 조직 활동에서 가장 활발한 활동을 하거나 새로이 진입하는 젊은 층의 경우 나이가 적을수록 해외 경험이 많고, 초등학교와 중·고등학교에서 '영어'를 배우는 데 가장 많은 시간을 쏟았다. 언어를 배우면 결국 언어와 연결된 문화를 자연스럽게 습득하게 된다. 영어를 더 잘 하기 위해 할리우드 영화나 팝송 등의 콘텐츠를 많이 소비하면서, 그 속에 포함되어 있는 문화를 무의식 속에서 받아들이게 된다.

조직 내 구성원들 간의 문화적 차이는 생각을 하고 행동을 하게 되는 가치관의 차이를 만들고, 이러한 가치관의 차이는 한 조직 내에서 서로 업무로 소통을 해야 할 때 많은 오해를 낳게 되는 경우가 빈번하다.

홉스테드의 비교 문화

네덜란드의 학자 홉스테드(Greet Hofstede)의 비교문화이론은 비교문화심리학의 주요한 연구 전통을 정립했으며, 그의 연구 결과는 글로벌 단체나 다국적 글로벌 기업의 의사소통 문제 등 여러 분야에 각기 다른 문화 간의 가치관이나 사회적 신념 등을 포함하는 다양한 문화적 요소들에 대한 연구를 촉발시켰다.

그는 1965년 IBM의 유럽 지사에서 인적 연구 부서를 설치하여 전 세계 자회사들 사이의 국가적 가치관의 차이에 관한 대규모 조사 연구를 했다. 서로 다른 국가의 IBM 직원 11만 7,000명의 표본 답변을 요인분석법을 사용하여 비교 대조하고 문화 간 차이점을 수치화하여 설명하려 한 최초의 시도였다. 그 당시 전 세계에서 가장 대규모의 국가 간 표본 데이터베이스였을 것이라고 한다. 그렇게 해서 만들어진 것이 문화차원이론(Cultural dimension theory)이다. 어느 사회의 문화가 그 사회 구성원의 가치관에 미치는 영향과 그 가치관과 행동의 연관성을 요인 분석하여 설명한 이론이다.

이 이론은 비교문화심리학, 국제경영학, 문화 간 의사소통 등의 여러 분야 연구에서 실험 패러다임으로 아직도 널리 사용되고 있다. 뿐만 아니라 다국적 기업의 글로벌 경쟁력 강화를 위한 주재원과 현지인 이문화 교육의 기본 틀로 활용되어져 왔다.

문화차원은 미국이나 유럽 등 다양한 인종과 언어 등으로 구성된 국가에서는 오래전부터 서로의 다름을 이해하기 위한 국민 필수 교육의 기본으로 활용되어 '다양성과 포용', '무의식적 편견' 등을 없애고 갈등을 최소화하는 기본 소양 교육으로 자리매김했다. 한국도 끊임없이 유입되고 있는 외국 노동자뿐만 아니라, 1986년 해외 개방 이후 외국에서 조기 교육을 받고 한국으로 돌아온 사람들, 우리나라 대표기업들의 글로벌화를 통한 양적 팽창 상황이기 때문에 문화적 차이를 이해하는 것은 필수가 되었다.

역량?
업무 스타일에 따라
다르게 보일 수 있다

역량은 개인의 특정한 상황이나 직무에서 효과적으로 보이는 행동의 원인이 되는 개인의 특성이다. 개인의 행동으로부터 지식, 기능, 태도, 가치관, 자아의식 등 개인의 행동적, 심리적 요인이 모두 역량에 포함한다.

역량은 탁월하고 효과적으로 업무를 수행하는 사람들에게 공통적이고 일관적으로 보여지는 행동에서 도출된다. 때문에 조직에서는 우수한 인재를 육성하는 벤치마킹으로 활용하거나 우수한 구성원과 그렇지 않은 구성원을 분별하는 수단으로 사용하고 있다.

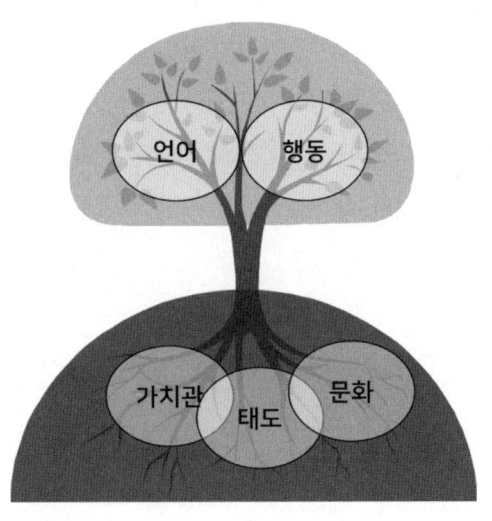

역량을 나무에 비유해서 들여다보면 뿌리 부분이 보이지 않는 가치관, 태도, 관습 등에 해당되고, 언어와 행동 및 옷차림 등 가시적으로 볼 수 있는 것이 나뭇잎과 줄기에 해당된다. 사람은 먼저 그 사람의 언어, 행동 및 옷차림과 같이 보이는 부분을 통해서 그 사람을 평가한다. 그 후에 어떤 생각과 태도를 가지고 있는지를 토대로 그 사람의 역량을 평가하게 된다.

문제는 사람들의 가치관이나 문화가 다양하다 보니 서로의 행동 등을 보고 보이지 않는 부분에 대한 평가까지 자신의 기준에 근거하여 하게 되는 것이다. 그러다 보면 서로가 원하는 행동에 대한 기대치에 차이가 생길 수밖에 없다.

이러한 차이는 목표 설정부터 육성 면담 그리고 연말이면 피할 수 없는 역량 평가, 특히 승진 등의 평가 상황에서도 영향을 끼칠 가능성이 있다. 상사는 평소 어투와 행동을 통해 상대의 역량과 성취도를 자신의 관점에서 평가할지도 모른다. 다음 사례를 살펴보자.

에피소드 1
내가 놓칠 뻔한 기회 - 첫 여성 팀장

내가 속한 팀은 사업부에서 가장 중요한 역할을 맡고 있었다. 특히 사업부의 대표 부서로서 고객사의 주요 임원들과 연관되어 있는 중요한 자리이다 보니 팀을 이끄는 팀장도 회사를 대표할 만큼 세련되고 능력이 있는 사람이 맡아야 한다고 늘 생각해오고 있었다. 그런데 마침 내가 외부 프로젝트를 마치고 복귀할 시점에 팀장이 다른 회사로 이직을 하면서 팀장 자리가 공석이 되었다.

몇몇 후배들은 나에게 내가 그 팀장을 맡아야 하는 것이 아니냐는 이야기를 하기도 했다. 당시 회사 내에 여자 팀장이 단 1명도 없었기 때문에 그다지 큰 기대를 하지 않았지만, 가끔 "내가 팀장이라면 어떨까?"하는 생각을 하기도 했다.

어느 날 회의를 마치고 김 부장님과 걸어가면서 대화를 하게 되었다.

"이 차장, 지금 자네 팀에 팀장 자리가 비었는데…. 어떻게 생각해?"라고 지나가는 말씀처럼 물으셨다. 나는 순간 당황했지만, 나름 침착하게 다소 가벼운 톤으로 대답했다.

"글쎄요? 그 자리가 매우 전략적이고 중요한 자리인데…. 뭐 깊이 생각해보지는 않았습니다."

그런 일이 있고 이틀 뒤, 상무님께서 나에게 팀장을 하고 싶은 생각이 없는 건지 단도직입적으로 물으셨다.

"예? 무슨 말씀이신지…."

"김 부장이 어제 자네한테 이야기했더니 별로 하고 싶어 하지 않았다고 하던데? 아직 준비가 안 되어 보인다고…."

아뿔싸! 나의 불분명한 태도와 어투가 김 부장님에게는 관심이 없는 모습으로, 그리고 아직 팀장이 될 준비가 안 된 것으로 평가되었고 그런 평가가 그대로 상무님께 전달되었던 것이다.

"저는 그 팀이 어떤 성격을 가지고 있고 무엇이 중요한지 너무 잘 알고 있습니다. 어제 김 부장님께서 지나가는 말처럼 질문하시길래 가볍게 말씀드렸던 겁니다. 그 자리에서 '제가 하겠습니다.'라고 하면 겸손하지 못한 사람처럼 보일 수 있을 것 같아서요. 만약 심각하게 고려하시는 거라면 다시 부르셔서 말씀하실 줄 알았는데 이후에 말씀이 없으셔서, 안 그래도 제가 실수한 게 아닌가 걱정하고 있었습니다."

"그랬어?"

"저야 당연히 해보고 싶습니다. 경험이 부족하지만 상무님께서 조금만 도와주시면 잘할 수 있습니다."

상무님은 적극적으로 이야기하는 나를 보면서 "진작 김 부장에게 그렇게 이야기하지…. 난 또 다른 친구를 검토해야 하나 했어. 그렇다면 자네가 한번 해봐. 이제 우리 회사에도 새로운 역할 모델이 필요하니. 자네라면 첫 여성 팀장으로 잘해낼 수 있을 거라 믿는다."라고 하시며 격려와 함께 용기를 주셨다. 그렇게 나는 팀장으로서 첫 출발을 시작하였다.

조직 내에 생긴 공석을 굳이 외부에서 새롭게 선발을 하는 것이 아니라면 기존 직원들 중에서 후보자를 선택한다. 우리는 사무실, 회의실, 또는 복도에서 지나가는 이야기처럼 대화를 나누는 중에도 평가를 받고 있다. 기회는 언제 어떤 상황에서 올지 모른다.

이 에피소드에서 김 부장은 이 차장의 태도를 자기 나름대로 해석하여 상무에게 전달했다. 만약 실질적인 의사결정자인 상무가 김 부장의 의견을 당사자에게 다시 확인하지 않고 그대로 받아들였다면 이 차장은 팀장 승진까지 몇 년을 더 기다려야 하는 상황이 왔을 수도 있다.

승진을 위한 평가라는 중요한 상황뿐만 아니라 일상에서 벌어지는 '관계' 속에서도 서로 다른 커뮤니케이션 스타일을 가지고 있기 때문에 오해가 발생한다. 당신의 행동이 상대에게는 단점 또는 부정적인 행동으로 보이는 경우도 있고, 똑같은 행동이 다른 사람에게는 장점으로 보이기도 한다.

에피소드 2
나와 다른 커뮤니케이션 스타일
- 단점만 보인다

나는 고객 서비스 부문 임원으로 5명의 팀장과 매일 아침 업무 진행 확인을 위한 '모닝미팅'을 한다. 함께 일하는 강 부장은 그날도 '모닝미팅'에 참석해서 꼼꼼하게 업무 진행 상황을 확인하는 나의 질문에 대답을 하고 돌아갔다.

우리 부서는 고객 지원 부서로, 매일 고객 만족을 나타내는 지표를 분석하고, 직원들의 동향을 살펴서 문제가 생겼을 때 즉각적인 조치를 해야 하기 때문에 시간 단위로 일하는 부서였다. 강 부장은 고객 지원 부서의 업무 특성을 잘 알고 있음에도 불구하고 가끔은 질문을 너무 많이 했다. 강 부장이 질문을 하는 모습은 왠지 상사인 나에게 따지고 있는 것처럼 들려서 기분이 상할 때가 많았다. 그러나 "업무가 바빠서 그런 거겠지."라고 생각하며 애써 부정적인 감정을 드러내지 않으려고 노력했다.

강 부장의 경우 내부 승진이 아닌 외부에서 영입된 케이스로, 회사 전반의 프로세스를 익히는데 많은 시행착오를 겪고 있었다. 경험이 많은 동료 팀장을 사수(?)로 배치해주었지만, 사수의 나이가 그보다 세 살이나 어리기도 하였고, 같은 팀장이다 보니 서로 경쟁 관계로 인식하여 어색한 모습을 보였다. 더군다나 사사건건 질문하는 강 부장의 태도 때문에 다른 팀장들도 함께 일하는 것을 불편해 한다고 전해 듣게 되었다.

그러던 중 본사에서 온 나의 상사가 내 부하 직원 몇 명과 일대일로 30분 정도의 Q&A 미팅을 진행했다. 미팅을 끝낸 상사는 나와 함께 일하는 팀장들이 한 피드백 내용을 내게 전달하는 과정에서 조심스럽게 강 부장에 대하여 언급하였다.

강 부장은 상사인 내가 지표 점검을 너무 자주 하고 세밀하게 관리하는 스타일이라 함께 일하기 불편하다고 했다는 것이다. 물론 본사에서 온 상사는 강 부장에게 원래 비즈니스 성격이 그러하고, 그것은 '당신 상사의 관리 스타일의 문제가 아니라 회사가 그렇게 요구하는 것'이라고 설명하였다고 이야기해주었다.

이때까지 나에게는 그런 이야기를 직접 하지도 않았으면서 어떻게 나의 상사에게 그런 이야기를 할 수가 있을까! 배신감은 물론이고 당황스러움을 감출 수 없었다. 하지만 어쩔 수 없이 강 부장에 대한 불편한 마음을 해결하지 못한 채로 일을 진행했고, 얼마 후 나는 다른 부문으로 이동하게 되었다.

몇 개월 후, 초등학교 때부터 미국에서 공부를 한 경험이 있는 배 이사가 나의 후임으로 강 부장과 일을 한다는 것을 알게 되었다. 배 이사와 함께 식사를 하면서 그에게 강 부장과 지내는 것이 어떠한지 물었다.

"배 이사님, 강 부장이 스타일이 좀 강해서 어려움이 있을 것이라 말씀드렸는데, 지내보시니 어떠세요?"

"저와는 소통하는데 큰 문제가 없는 것 같습니다. 일을 지시할 때, 또는 협의를 할 때, 강 부장이 자기 주장을 강하게 피력하는 편인데요. 저는 강 부장에게 그 일을 왜 해야 하는지 설명하고, 그래도 그가 받아들이지 않을 경우 그에게 책임져야 하는 범위를 알려주고 어떻게 할 것인지 설명해주면 대체적으로 수긍하더라고요. 전 차라리 그렇게 드러내 놓고 이야기하는 강 부장이 더 편하더라고요. 무조건 알겠다고 말하면서 진의를 알 수 없는 사람보다는요."

강 부장은 위계적인 상사에게 다소 평등적인 방법으로 소통했다. 업무에 관해서는 상사에게 직접적으로 질문하면서 소통하고자 했지만, 위계적인 상사에게는 그런 태도가 권위에 도전하는 모습으로 비추어지면서 결국 강 부장을 깐깐하고 같이 일하기 불편한 사람으로 규정짓게 했다. 뿐만 아니라 본사에서 온 임원에게도 상사와 일할 때의 어려운 점을 가감 없이 이야기했고, 그 이야기가 결국 자신의 상사에게 들어가 버린 상황이다.

그런 강 부장이 자신의 상사로부터 어떻게 평가를 받았을지는 예측이 가능하다. 여기서 반전은 이전 상사에게는 단점으로 보였던 점이 업무 스타일이 다른 새로운 상사에게는 강점으로 여겨진다는 점이다.

■ 다양한 사람과 일한다는 것의 의미

우리는 다양한 사람들과 함께 일할 수밖에 없는 환경에 처해 있다. 아예 회사를 그만두고 섬에 들어가 혼자 살지 않는 이상 말이다. 개인 간의 다양성은 앞으로 더 심화될 것이고, 이 상황에서 성과를 만들어내기 위해서는 나만의 대처 방법이 필요하다. 사람 관계가 싫어서 시골로 돌아가 전원생활을 선택한다고 해도 결국 그곳에서 다시 이웃들과 함께 하는 삶을 만들어 가야 한다. 이처럼 조직에서 '관계'에 대한 어려움이 있었던 사람은 결국 어디에서나 어려움을 느낄 수밖에 없다.

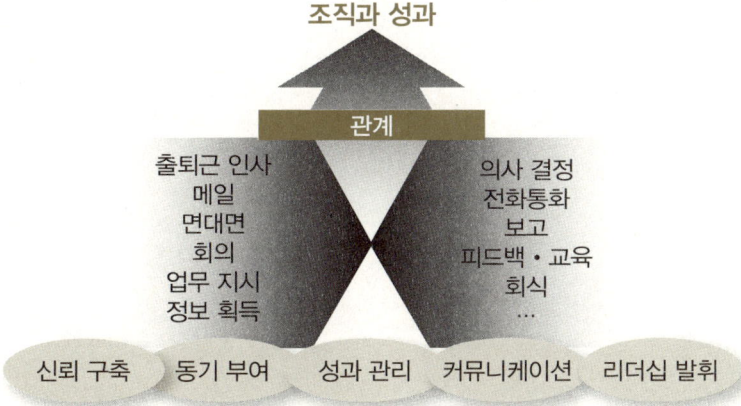

관계 속에서 다양한 사람들과 일하기 위해서는 회의, 면대면, 점심 식사나 회식 등의 상황에서 서로 끊임없이 소통하고 협력해야 한다. 서로 다른 문화와 가치관을 가진 개인이 소통의 접점에서 상대에 대한 각자 다른 기대치를 가지고 있을 때 어려움이 발생한다. 서로 다른 기대치가 상대에게 피드백 되지 않은 상태에서는 오히려 갈등만 커지고 열정적으로 함께 할 목표와는 자연스럽게 거리가 멀어지게 된다.

사소한 차이가
갈등이 된다

　일할 때 발생하는 모든 갈등은 아주 사소한 업무 스타일의 차이에서 시작된다. 주고받은 메일이 내 기준에서는 무례하다고 느껴진다거나, 전화통화 또는 회의 때 제기한 질문이나 보여준 표정이 부정적이라고 느껴질 때가 있다. 의도하지 않았지만 언행 등에서 차이가 발생하게 되면 미묘한 갈등으로 이어지고 그러한 갈등은 결국 부정적인 감정이 되어 쌓이게 된다.

　'우리 상사는 나를 싫어하는 구나.' 혹은 '부하 직원이면 부하 직원답게 굴어야지, 상사 알기를 뭘로 아는 거야.' 등과 같은 부정적인 생각들은 부정적인 언행으로 자연스럽게 표출되면서 서로의 감정은 풀 수 없는 상태가 된다. 문제는 두 사람만의 갈등으로 끝나지 않고, 부정적인 관계는 다른 구성원에게도 영향을 미치게 되는 점이다. 회의 시간에는 서로 불편한 관계의 두 사람이 만드는 차갑고 부정적인 에너지 때문에 주변 사람들이 눈치를 보게 되고, 긍정적인 의견을 나누기가 어려워진다. 점심시간 또는 그 외 다른 상호작용에서도 팀원들의 에너지가 분산될 수밖에 없다. 이러한 두 사람의 부정적인 관계는 조직에서 흔히 발생하는 뒷담화로 이어지고, 팀 또는 조직 내에서 편이 나뉘어 서로 갈등을 키워가는 단초가 되기도 한다.

　다음 표는 두 사람 업무 스타일 진단법인 글로브스마트로 검사한 결과를 나타내는 글로브스마트 프로필이다. 두 사람은 5가지 차원에서 매우 큰 간극을 보인다. 특히 차이가 큰 항목은 '독립적(개인주의) VS 상호의존적(집단주의적)'과 '평등주의적 VS 신분(위계)적' 성향이다. 이러한 두 사람은 상호작용을 할 경우 에피소드 2와 같은 상황이 종종 발생할 수 있다.

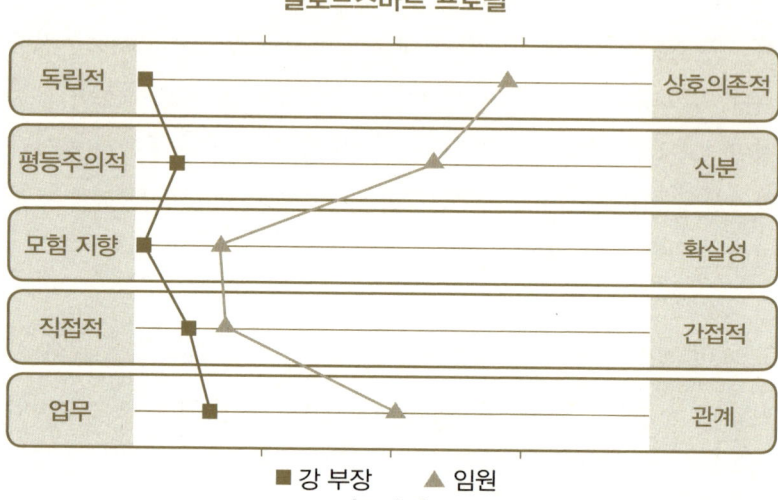

업무를 할 때 서로의 업무 스타일이 달랐을 뿐인데 담당 임원은 강 부장의 행동(다른 직원들이 있는 앞에서 공개적으로 질문하고 상하의 개념 없이 말하는 모습)에서 상사인 자신을 무시하는 것으로 느낀다. 결국 이러한 차이는 상사가 부하 직원에 대해 평가를 할 때도 실제 강 부장이 해낸 성과만큼이나 중요한 요소로 작용될 것이다.

업무 스타일은
얼마든지 바꿀 수 있다

문화적 차이로 발생하는 업무 스타일은 변하지 않는 걸까? 이 질문에 대한 답은 "문화가 고정되어 있는가?"와 같다. 그리고 이 질문에 대한 답은 당연히 "아니다!"이다. 특히 조직에서 업무를 해야 할 때는 내가 맡고 있는 업무의 성격에 따라 스타일이 다를 수 있다. 예를 들어 재무 담당의 경우는 숫자를 다루어야 하기 때문에 '확실성'을 중시한다. 영업 부문에서 일할 경우엔 계약을 달성하기 위해 고객의 니즈에 유연하게 대응해야 하기 때문에 '모험 지향'이 더 클 수가 있다.

업무 스타일은 함께 일하고 있는 주변 사람들에 의해서 바뀌기도 한다. 특히 상사에게 맞춰서 일하다 보면 자신도 모르게 상사의 업무 스타일과 비슷해지게 된다. 보고서 작성부터 발표를 하는 방법, 회의를 진행하는 방법 등 여러 상호작용 속에서 서로가 서로에게 맞추어 간다.

매우 한국적인 기업 문화에서 일하던 사람들이 해외에 나가기 전에 업무 스타일을 진단하고 4~5년 뒤 돌아와 다시 업무 스타일을 진단하면 예전의 본인의 업무 스타일과 상당히 다르다고 이야기하는 경우가 많다. 이처럼 업무 스타일은 바뀔 수 있다.

업무 스타일 진단은 서로를 아는 것에 그치는 것이 아니고 먼저 다름을 알고, 다르기 때문에 발생할 수 있는 업무 상황에서의 기대치를 서로 이야기할 수 있는 도구의 역할을 한다. 그리고 서로 어떻게 일하는 것이 좋을지 팀으로서 일하는 방식에 대해서 서로 논의할 수 있는 출발점을 만들 수 있다.

앞에서 이야기한 것처럼 조직은 서로 다른 사람이 함께 일해서 성과를 창출하는 것이 목표이다. 이러한 조직의 목표는 결국 조직 구성원들 개개인이 최선을 다할 수 있도록 서로의 '다름'을 '틀림'으로 보지 않고 이해할 수 있는 접점을 만들고 서로 공유하여야 한다. 또 조직의 비전과 성과 목표를 달성할 수 있도록 건강한 경쟁과 동료로서의 격려를 주고받을 수 있어야 한다.

■ 개인에 대한 이해의 필요성

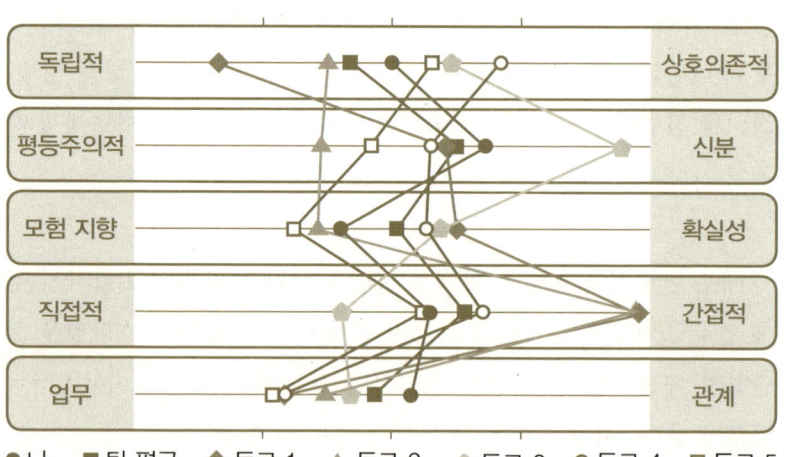

자료 출처: Aperian Global GlobeSmart ® Profile

이 표는 모 기업의 특정 팀의 실제 팀 프로필이다. 이 팀은 공채로 입사해서 20년 가까이 근무한 팀장과 각기 다른 부문에서 일하던 팀원들이 새로운 신규 사업 개발 때문에 모여 만들어진 신설 팀이다. 특히 팀원 중에 2명은 경력직 중간관리자로 최근 입사했다. 이렇게 다양한 팀원들이 함께 조직의 성과를 내려면 가장 먼저 실행해야 할 것은 무엇일까? 지금까지는 다음과 같이 운영되었다.

- 조직의 목표 공유: 담당 임원과의 회의.
- 전략 워크숍을 통해 실행 계획 및 팀원 각자의 역할과 책임을 결정: 외부에서 진행하는 워크숍 진행도 포함(서로를 이해하기 위한 방법으로 늦은 밤까지 회식을 하고, 아침에는 등산을 하면서 팀을 만드는 것까지 겸한 워크숍).
- 각자 자기 역할과 업무에 몰입.
- 가끔 팀 회식(대부분 팀장이 좋아하는 장소나 식당에 가며, 주로 술을 매개로 활용).

이러한 통상적 방법으로 팀의 업무를 시작하는 것은 서로 문화가 비슷한 구성원들일 경우 상당히 효과적이기도 했다. 하지만 지금처럼 구성원이 다양해진 조직에서도 효과적일지는 미지수다. 전략 워크숍의 날짜 선정부터, 장소 확정과 프로그램 진행, 회식과 팀 이벤트의 방법을 결정할 때 팀원들은 다양한 욕구를 표현한다. 팀원들의 욕구가 다양하다 보니 팀원을 워크숍에 참여하게 만드는 것부터 엄청난 해결 과제가 되어버리기도 한다. 그리고 그 과정에서 이미 서로 실망하거나 아예 '관계'를 포기하는 상황이 생기기도 한다.

차라리 다양한 욕구가 초기에 표출되고 논의와 합의하는 과정을 거치는 것은 실제 조직의 성과엔 긍정적인 신호이다. 그러나 팀원들이 원하는 것이 표출되지 않은 상태에서는 어떤 일이 발생할까? 대부분 개인적인 사정이란 이유로 참석을 기피하거나, 수동적으로 참가할 것이다. 이렇게 맥 빠진 첫 출발을 하면, 팀 업무에 대한 1차적 몰입이 더욱 큰 도전 과제가 될 것이다. 안타깝게도 이 상황은 대부분의 조직에서 발생한다.

'1 + 1 = 3'을
만드는 마법의 힘 - '관계'

"사람은 '사회적 동물'이다."라는 근거에서 발전시켜 본다면 우리는 관계 속에서 살아가고 관계를 위해 살아간다고 할 수 있다. 결국 조직에서 구성원들이 관계를 어떻게 하느냐에 따라 업무의 몰입도가 달라진다. 실제 신입사원 1년 차에 퇴사하는 대부분의 사람들이 하는 "조직이 나를 알아주지 않는다."는 말의 의미는 자신의 상사 또는 관계 속에 있는 사람들과의 관계가 제대로 만들어지지 못했다는 것을 의미한다. 그리고 나는 열심히 하고 싶었는데, 나는 열심히 할 수 있었는데, 상사가 혹은 팀이 나의 진가를 발휘할 수 있는 기회를 주지 않았다고 생각한다는 의미이다.

그렇다면 사람은 어떻게 동기 부여가 되는가? 서로의 관계가 신뢰를 바탕으로 제대로 구축된다면 자신이 할 수 있는 것보다 더 열심히 하게 된다. 물론 채용부터 자가 발전이 되는, 말하지 않아도 스스로 일을 찾아서 하고 주도적으로 할 수 있는 사람들만 선발한다면 더 할 나위 없겠지만 그런 사람을 뽑았다 하더라도 언젠가는 방전이 되고 조직 내에서 다시 충전이 되어야만 한다.

조직의 목표는 서로 다른 사람이 함께 일해서 성과를 창출하는 것이고, 성과는 사람이 만드는 것이다. 조직 역량은 개인의 역량의 합이고 개인의 성과의 합이 곧 조직의 성과가 된다. 최고경영진에 의해 설정된 조직의 목표는 사업 부문별로, 사업 부문 내에서 다시 팀별로, 팀 내에서 각각의 개인의 목표로 나누어진다. 그리고 개인이 맡은 부분의 성과를 모두 달성하면 조직의 성과 목표가 달성된다. 이러한 계산 방식에 따르면, 조직 전체의 성과는 조직 내에 개개인이 성과를 얼마만큼 어떻게 달성하느냐에 달려 있다. 개개인 성과의 합이 '1 + 1 = 1.5'이 아닌 '1 + 1 = 3'이 되기 위해서는 관계를 통한 동기 부여가 필요하다.

구성원들이 관계 속에서 지속적으로 동기 부여하기 위해서는 서로의 '다름'을 '틀림'으로 보지 않고 이해할 수 있는 긍정적인 경험의 기회가 필요하다. 업무 스타일 진단은 이러한 경험의 출발점이 될 수 있다. 객관적인 진단 도구를 활용하면, 업무 상황에서의 다름 때문에 발생할 수 있는 갈등 상황에 대해 효과적으로 논의할 수 있기 때문이다. 이러한 논의가 꾸준히 축적되고 조직 내부적으로 공유될 때, 구성원들 간에는 건강한 신뢰가 구축되고 집단의 시너지를 발휘한다.

이제는 시대의 변화에 따라 너무나 다른 문화 배경을 가진 사람들이 한 조직 내에서 함께 성과를 만들어가야 하는 환경이 되었다. 따라서 우리는 앞으로 서로의 가치관과 신념의 차이, 또 그로 인해 보여 지는 행동, 특히 조직 내 업무 속에서 발생하는 서로가 바라는 바를 이해하고 서로에게 조금씩 더 다가가며 1 + 1 = 3을 만들어내는 마법의 힘인 '관계'를 제대로 구축해 나가야 한다.

1. 스타일 스위칭 : 왜 업무 스타일을 바꿔야 하는가?

5가지
문화차원에
따른
10가지
일하는
방식

10가지 업무 스타일

 10가지 업무 스타일은 사회심리학자인 홉스테드의 비교문화차원 중 업무 상황에 가장 많은 영향을 주는 4가지 차원과 인류학자인 에드워드 홀의 고맥락・저맥락 문화 이론을 기반으로 한 총 5가지 문화차원에서 도출되었다. 각 문화차원에는 서로 상반된 2가지 업무 스타일이 포함되어 있다.

이 파트에서는 10가지 업무 스타일을 자세하게 소개하고, 각 업무 스타일의 이해를 돕기 위해 다양한 예시와 에피소드들이 포함되어 있다. 상사, 동료와의 관계부터 승진, 역량 평가 등 조직 내에서 매일 발생하고 있는 상황에 대한 이야기들로 구성되어 있기 때문에 누구나 공감할 수 있을 것이다.

마지막으로 자신이 어떤 업무 스타일인지 확인해볼 수 있는 '생각해보기' 그래프가 있다. 각 업무 스타일의 정의를 읽어보고 본인의 업무 스타일과 더 맞다고 생각하는 쪽에 아래 예시처럼 표시를 해보자.

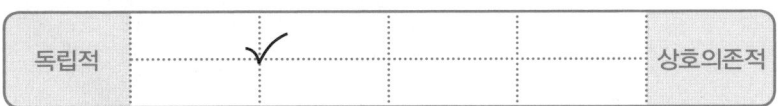

누군가와의 관계에서 미묘한 거리감이 느껴지거나, 우리 팀의 팀워크가 느껴지지 않는다면 그 원인은 업무 스타일의 차이에서 발생한 것일 수 있다. 본인의 업무 스타일뿐만 아니라 나와 갈등 상황에 있는 상대방의 업무 스타일을 유추해본다면 이 책을 100% 활용할 수 있을 것이다.

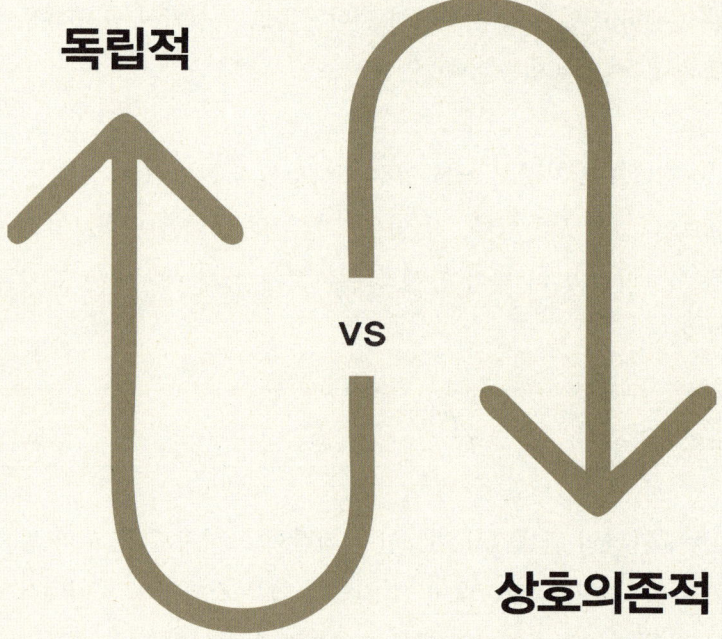

당신의 조직 내
정체성과
업무 스타일

독립적과 상호의존적 업무 스타일은 당신의 조직 내 정체성과 관련이 있다. 조직 내에서 독립적인 사람의 행동은 반대편에 있는 상호의존적인 사람에게는 상당히 다르게 느껴지기 때문에 서로에 대한 이해가 필요하다. 예를 들어, 상반기 마케팅 개선안 보고서를 작성하라는 지시를 받았을 때, 당신이 할 수 있는 행동은 2가지가 있다.

(A) 최대한 빨리 팀 전체 회의를 소집해 위의 전달사항을 공유하고, 보고서 작성에 대한 지시와 의견을 나눈다.

(B) 먼저 지난번 보고서를 확인한 후에 보고서의 틀을 혼자서 구성한다. 이후 기획 담당자와 개인 미팅을 하여 진행 방법을 논의한다.

당신은 어떤 방법을 더 편안하게 느끼고 선호하는지 생각해보자.

방법 A를 선택했다면 다른 사람들로부터 조언과 지지를 얻는 것이 중요한 사람이다. 반면에 방법 B를 선택했다면 역할이 뚜렷한 개인과 일하는 것을 선호하는 사람이다.

A 업무 스타일의 사람이 작성한 이메일

제목	조직 개편 관련
수신	최현배 국내영업팀장〈choi68@mirea.co.kr〉
참조	강현 대표〈kang88@mirea.co.kr〉; 이수길 상무〈lee65@mirea.co.kr〉; 박민석 팀장〈park09@mirea.co.kr〉; 조성헌 팀장, 이해석 팀장, 염희영 팀장, 주도길 팀장, 길영태 팀장, 김기석 팀장, 이범준 팀장, 김민영 과장
발신	김형식 인사기획팀장〈kim1988@mirea.co.kr〉

　　최현배 팀장, 안녕하세요? 인사기획팀 김형식 팀장입니다. 오늘 전체 팀장 미팅안건에서 이야기되었던 내용 때문에 연락드립니다. 팀장님도 이미 아시겠지만, 올 9월 사장님께서는 조직 개편 의지를 표명하셨습니다. 몇몇 부서에서는 반대 의견이 많았지만, 변화 관리를 위해 우리 미래산업㈜ 조직이 재편성되어야 할 필요가 있는 시기라 판단하여 진행하게 되었습니다. 외부 전문가에게 용역을 의뢰해 조직 구성원들의 인터뷰 등 다양한 과정을 거쳐 조직 개편 작업이 진행되고 있습니다.

　　외부 용역사업을 통해 팀 업무 효율성 진단을 한 결과, 몇몇 업무가 중첩이 되는 팀들의 경우 재편성이 필요하다는 내용입니다. 첨부해드리는 팀 효율성 진단 결과보고서에서 상세한 내용을 확인 바랍니다. 팀 내부 및 팀장님의 의견을 최대한 반영하여 팀 변화를 진행할 예정입니다. 저희 부서에서 보관하고 있는 팀의 여러 인사 자료를 보내드리니, 참고하시어 개편될 조직구성안을 작성하여 제출 바랍니다. 최대한 팀에서 필요한 사항을 상세하게 작성하여 주시고, 자료는 내일 오후 2시까지 메일로 전달 부탁드립니다.

　　감사합니다.

조직효율성 진단 결과.hwp

B 업무 스타일의 사람이 작성한 이메일

제목	조직구성안 작성 요청
수신	최현배 인사팀장〈choi68@mirea.co.kr〉
참조	이수길 상무〈lee65@mirea.co.kr〉
발신	김형식〈kim1988@mirea.co.kr〉

최현배 팀장, 안녕하세요?
인사기획팀 김형식 팀장입니다. 오늘 전체 팀장 미팅안건에서 이야기되었던 것에 관한 관련 자료를 첨부해드립니다.

- 아래 첨부된 팀 효율성 진단 결과보고서에서 상세한 내용 확인 필요.
- 추추 인사자료 송부 예정으로 참고하여 개편될 조직구성안을 작성하여 제출 바람.
- 기한은 내일 오후 2시까지 메일로 송부 요청.

감사합니다.

조직효율성 진단 결과.hwp

둘 중 누가 독립이고 상호의존적인지 생각해보자. 참조한 사람의 수, 메일의 내용과 그 사람들의 업무 연관성 수준을 보면 독립적과 상호의존적의 차이를 알 수 있다. "담당자와 이야기하고 결정하면 된다."라고 생각하는 독립적인 사람들은 업무와 직접 연관된 사람과 일하는 것을 중요하게 생각한다. 반면에 "이 일을 해봤던 사람들과 경험이 많은 사람들에게 충분히 합의를 얻어서 결정해야지."라고 생각하는 상호의존적인 사람은 관련된 사람들에게 자문을 구하고 공유하는 것을 중요하게 생각한다.

독립적인 B 업무 스타일의 사람이 상호의존적인 A 업무 스타일인 사람이 작성한 메일을 받으면, "나보고 보라는 거야, 피드백을 하라는 거야? 왜 내가 담당하는 일이 아닌데 나를 참조에 넣어서 메일만 많아지게 하지?"라고 생각하게 된다. 반면 상호의존적인 사람들은 본인이 직접 관련되지 않았지만 팀의 중요한 업무 관련 메일을 본인이 공유 받지 못하면 소외감을 느끼게 된다. 같은 업무라도 다른 업무 스타일로 소통함에 따라 상대방에 대한 평가와 관계의 친밀도가 달라지게 되는 것이다.

역량에 대한
기대 행동 차이

업무 스타일이 독립적인지 상호의존적인지에 따라 역량의 의미를 다르게 정의하기도 한다. 각 업무 스타일은 1가지 역량에 대해 다르게 정의하기 때문에 다른 행동을 하게 되고 내가 어떤 스타일인지에 따라 그 역량을 다르게 평가하게 된다.

각 업무 스타일에 따라 기대하는 '책임감'이 다르다. 독립적인 업무 스타일인 사람에게 책임감 있는 행동은 본인이 맡은 업무를 완벽하게 마무리하는 것이다. 반면에 상호의존적인 업무 스타일은 본인이 맡은 업무뿐만 아니라 팀 전체의 업무가 모두 완벽하게 끝날 때까지 일하는 사람을 책임감이 있다고 이야기한다.

'주도성'이라는 역량도 업무 스타일에 따라 다르게 생각된다. 독립적인 사람은 본인의 업무의 성과를 높이기 위해 주도적으로 나서서 행동한다. 그러나 팀 전체 성과를 달성하기 위해 무엇인가를 찾아서 하는 사람이 주도성이 높은 사람이라고 여기는 상호의존적인 사람에게 이런 행동은 이기적으로 보일 수 있다.

회의의 정의와
목적의 차이

취업 포털 사이트 잡코리아가 최근 직장인 739명을 대상으로 진행한 '직장 내 회의'에 관한 설문조사에 따르면, 직장인들은 하루 평균 1회(41.5%) 회의에 참석하고 있고, 회의 시간은 15~30분 미만(34.4%)이라고 한다. "하루 종일 회의만 했는데 하루가 다 갔다."라는 말을 할 정도로 회의는 업무에서 많은 부분을 차지하고 있다. 따라서 매일 30분 이상을 차지하는 회의 상황에서 갈등이 발생한다면 일하는 것이 어려워진다.

그렇다면 회의에서 갈등은 어떤 이유 때문에 발생하는 것일까? 이는 업무 스타일에 따라 회의의 가장 중요한 목적과 개인의 역할에 대한 정의가 서로 다르기 때문이다.

	목적	역할
독립적	독립적인 사람들에게 회의는 자신을 정체성과 영향력을 확인하고 인정받는 기회이다.	본인의 역할이 분명한 회의에만 참석해야 한다고 생각한다.
상호의존적	상호의존적인 사람들에게 회의는 의무적으로 참석해야 하는 업무 활동의 일부이다.	본인이 반드시 참석하지 않아도 되는, 즉 역할이 분명하지 않은 회의라도 조직 구성원으로서 해야 한다면 기꺼이 참석한다.

최근에 결과가 좋지 않았던 회의 상황을 떠올려보자. "내가 도대체 이 회의에 왜 참석해야 되지?"라고 생각하는 참석자가 많지 않았는가? 참석자들의 업무 스타일을 파악하고 있었다면 개인이 불필요하게 느끼는 회의를 줄일 수 있었을 것이다.

이제는 각 업무 스타일에 따라 회의에 대한 목적과 기대하는 역할이 다르다는 것을 알았기 때문에 앞으로는 회의를 효과적으로 운영할 수 있을 것이다.

업무 스타일
생각해보기

독립적인 스타일과 상호의존적인 스타일의 간단한 정의를 읽어보고 당신의 업무 스타일은 어떤지 그래프에 표시해보자.

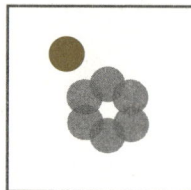 

독립적	상호의존적
• 개인이 중요하다.	• 집단의 조화와 협력이 중요하다.
• 개인의 선택과 성과에서 정체성을 이끌어낸다.	• 집단 소속감에서 정체성을 이끌어낸다.
• 스스로 행동하는 것을 선호한다.	• 소속된 집단에 의무와 충성심을 느낀다.

업무 스타일별 상황 살펴보기

에피소드 1
조직을 위해서라면!

　내가 근무하고 있었던 지역에서 은행 권총 강도 살인 사건이 발생했다. Y 지점의 현금 수송 차량이 1만 원짜리 지폐 3만 장이 들어 있는 돈 가방 2개를 지역 본부 지하주차장에서 이동시킬 때 복면을 쓴 2인조 권총 강도가 갑자기 나타난 것이다. 권총을 들고 있던 강도가 천장을 향해 1회 위협 사격을 했고, 차에서 내렸던 일행은 위협 사격에 놀라 몸을 피했다. 그러나 출납 담당 과장은 미처 몸을 피하지 못해 2번째 총을 맞고 그 자리에서 사망했다. 강도들은 3억 원이든 돈 가방 하나만을 가지고 급히 차량에 탑승하여 도주했고, 그 이후 행방이 묘연해진 사건이었다. 이 사건은 아직도 미제 사건으로 남아 있다.

　일반적으로 사람들은 은행 지점 금고에 엄청나게 많은 현금이 있는 것으로 알고 있다. 그러나 지점에는 현금 시재 보유액이 각각 정해져 있어서 그 보유액을 초과하는 금액은 본부에 현송을 하여야 한다. 이런 절차에 따라서 Y 지점에서도 현금 수송을 위해 지역 본부로 왔다가 이 사고를 당한 것이다. 현금 수송 시에는 안전규칙 매뉴얼에 의해 청원경찰과 승용차 기사, 그리고 출납 업무 담당 책임자가 반드시 같이 움직여야 한다. 그래서 이 사고에서도 3명 중 미처 몸을 피하지 못했던 출납 담당 과장이 총에 맞아 그 자리에서 사망하게 된 것이었다.

그 소식을 접한 동료들은 망연자실했다. 대낮에 그것도 은행 지하주차장에서 어떻게 그런 일이 일어날 수 있는가 하고 말이다. 직원들은 모이기만 하면 이 사건에 대해서 저마다의 생각들을 이야기했다.

"사람 목숨보다 더 중요한 것이 뭐가 있어? 그 과장은 빨리 돈 가방을 내주고 피했으면 총에 맞아 죽지는 않았을 텐데."
"그래도 자기가 출납 담당 책임자인데 어떻게 그렇게 쉽게 포기를 할 수 있었겠어? 아마도 자기가 맡은 일에 대한 책임감이었겠지."
"죽은 과장이 만년 고참 과장이었다면서? 이번에 곧 승진 인사도 있고 하니까 끝까지 버틴 건 아니었을까?"
"그래도 그렇지. 목숨하고 바꿀 일은 아닌 것 같은데."
"아니야!! 은행원으로서 고객의 돈은 무조건 지켜야 한다는 무의식적인 본능이었을 거야."

그는 순간적인 의사 결정 순간에도 조직을 위해서라면 자신의 목숨도 희생할 수 있었던 것이다.

'조직을 위한 헌신'이라는 말이 왠지 구세대적인 느낌은 주는 것은 왜일까? 한국 경제 발전의 바탕에는 개인을 희생하더라도 조직을 위해서라면 뭐든지 했던 기성세대가 있었다. 에피소드의 내용처럼 극단적인 상황까지는 아니더라도 회사의 일이라면 아파서 병원을 가는 것도 눈치가 보이고, 아이들의 중요한 성장 이벤트도 뒷전으로 한 채 회사의 발전이 곧 자신의 성장인 것처럼 행동했던 선배들이 있었다. 그리고 그들이 있어기에 오늘의 발전된 한국이 있다는 것에는 전적으로 공감을 표한다. 하지만 이제는 개인이 행복해야 하고, 행복한 개인이 더 나은 조직을 만들 수 있다고 믿는 사람들이 많아지고 있다. 당신은 어떻게 생각하는가?

> **에피소드 2**
> **일 잘하는 최 대리의 유일한 흠**
>
> 일 잘하는 최 대리는 내가 대리직급의 경력직으로 뽑은 직원이다. 엔지니어 출신인 경우 대부분 영업적 마인드나 역량이 부족할 수밖에 없는데, 최 대리의 경우 적극적으로 나서서 일하는 영업적 재능을 겸비하고 있다. 항상 적극적이고 일을 배우는 속도도 빨랐으며, 특히 사람들과의 친화력도 좋아서 조직에 빠르게 적응하는 모습이 눈에 띄었다.
> 이렇게 장점이 많은 최 대리에게도 문제가 있었는데, 개인적인 업무 일정은 잘 지키면서도 팀 업무 일정은 잘 지키지 않는 점과 일부 직원들로부터 그가 일하면서 자신이 한 일에 대해 생색을 내고 다녀서 은근히 얄밉다는 이야기가 들리는 점이었다. 함께 고객 방문을 할 때도 자기를 모시고 가야 한다는 둥, 다녀와서는 자기 덕에 주문이 성사되었으니 점심을 내라는 둥, 술을 사라는 둥, 심각한 정도는 아니지만 자신을 내세우는 모습이 다른 팀원들에게는 너무 튀어 보였던 것이다. 그러던 어느 날 그가 진행하는 프로젝트에 문제가 생겨서 면대면 미팅을 하게 되었다.
>
> "최 대리, 이번 프로젝트의 경우 최 대리가 제때 대응을 하지 못

해서 결국 주문을 놓치는 상황이 되었는데…. 어떻게 생각해? 이번 건의 경우 일정을 제대로 못 챙겨서 문제가 발생한 거라고 볼 수밖에 없지?"

"이사님, 이번 일은 너무 죄송합니다. 제가 개인적으로 힘든 일이 있어 경황이 없는 바람에 타이밍을 놓치는 실수를 하였습니다. 다음 건은 어떻게든 수주가 되도록 다시금 원인 파악을 하고, 지금부터 미리 조치를 하도록 하겠습니다."

"이번 일도 그렇긴 하지만, 최 대리가 신경 써줬으면 하는 부분이 있어. 최 대리가 일을 잘한다는 것은 나도 알고 있어. 그런데 말이야, 그게 팀워크에 그렇게 좋은 영향을 주지는 못하고 있어. 물론 최 대리가 중요한 부분을 차지하지만 일이라는 것이 다 같이하는 것 아닌가? 혼자서 잘하는 것이 아니라 다 같이 잘하는 것이 진짜 성과란 말이지."

"이사님, 제가 제 일만큼은 확실하게 성과를 내고 있지 않습니까?"

"알고 있어. 그런데 그것뿐만 아니라 출근 시간 같은 규칙도 지켜야지. 출근 시간 정도는 팀원이라면 팀워크를 위해서도 반드시 지켜줘야 할 예의가 아닐까? 다른 팀원들은 대부분 20~30분 일찍 출근해서 하루를 준비하는데, 최 대리의 경우 출근 시간도 제대로 못 지키니…. 그렇게 한다면 본인이 성과를 잘 내도 다른 리더들이나 팀원들은 자네를 책임감이 부족한 사람으로 볼 수밖에 없을 거야. 계속 팀 업무에 지장을 주면 일을 잘하고도 주변 사람들한테 좋은 평가를 받기 어렵다는 거지."

내가 최 대리의 역량을 잘 알고 있는 만큼 주변 사람들도 최 대리를 인정해주면서 일했으면 좋겠다는 생각에 이러한 이야기를 했다. 최 대리의 자존심을 건드려 주고, 다른 사람이 어떻게 생각할지에 대해 연관시켜 이야기를 하고 난 뒤부터는 최 대리가 팀 업무 시간을 그나마 지키는 모습을 보였다. 그래도 다른 팀원에 비해 여전히 이래저래 핑계가 많은 편이기는 했지만.

나는 최 대리의 책임감과 그 영업적 '촉'에 대해서는 의심이 없었다. 하지만 연말 평가 때마다 최 대리는 여러 가지 생각을 하게 만들었다.

그 후 본사의 조정에 따라 부서 배정이 바뀌어 최 대리는 기술팀으로 발령이 났다. 그를 보내는 것이 시원하기도 하고 섭섭하기도 하였다. 최 대리를 보내고 3개월쯤 지났을 때, 그의 새로운 상사인 김 이사가 나를 찾아와 최 대리에 대해서 물었다. 나도 그의 근태와 조금은 과도한(?) 자기 PR을 걱정하며 그와 어떻게 지내고 있는지 궁금했던 참이었다.

"정 이사님, 최 대리가 출퇴근 시간도 들쑥날쑥하고, 일도 자기 마음대로 하려는 경향이 있어서 골치 아픕니다. 정 이사님 밑에 있을 때는 어땠어요?"

"최 대리는 다른 친구들에 비해 자유분방한 경향이 있지만 워낙 '촉'이 좋아 중요한 포인트는 놓치지 않고 영업을 성사시키는데 중요한 역할을 해냅니다. 따라서 무엇보다 업무적으로 최 대리가 해야 할 일을 정확하게 책임지도록 하고 그것을 해내지 못했을 때 강하게 피드백을 하면 좋아요."

"아…. 전 출퇴근 시간 때문에 여러 가지를 통제하는 식으로 해봤는데 튕겨나가면서 오히려 부작용이 생기더라고요. 제가 최 대리를 휘어잡으려면 그가 하는 업무나 성과에 대해 피드백을 하는 것이 더 중요하겠네요."

이후로 김 이사는 최 대리에게 개인 업무에 대한 적절한 재량권을 주는 만큼 팀 업무에도 참여하도록 독려했다. 이러한 김 이사의 적절한 리더십에 힘입어 최 대리는 빠르게 과장, 차장을 거쳐 부장이 되었다. 리더가 부하 직원의 업무 스타일에 유연하게 대응함으로써 더욱 생산적인 업무관계를 가져가는 모습을 볼 수 있었다.

김 이사는 조직 구성원들은 조직의 조화와 협력을 중시해야 하고 의무와 충성심을 보이는 것 즉, 적어도 출근 시간은 기본적으로 지켜줘야 한다고 생각하는 사람이다. 반면 최 대리의 경우 본인이 해내어야 하는 성과를 제대로 해내고 조직의 성과 달성에 기여를 한다면 책임을 다한 것이라고 생각하기 때문에 출근 시간이 중요하지 않다고 생각했었을 수도 있다. 이처럼 상호의존적인 사람들은 조직에서 개인이 감당해야 할 '책임감'의 범위를 업무 성과를 달성하는 것 외에 팀에 헌신하고 다른 팀원들과의 인화 단결에 솔선수범하는 것까지 포함해서 생각한다. 반면 독립적 성향의 사람들은 자신에게 부과된 성과 목표만 달성한다면 자신의 '책임'을 다했다고 생각할 수 있다. 당신의 상사는 어떤 성향의 상사인가? 그런 상사의 기대치를 제대로 읽어내고 있는가?

에피소드 3
회의 시간을 '얼음'으로 만들어 버린 질문

우리 팀은 한 달에 한 번씩 반드시 전체 팀원이 모여서 성과 관련 회의를 진행했다. 각 팀원들이 지난 한 달 동안 무슨 일을 했고, 어떤 성과를 냈으며, 다음 달에는 어떠한 계획을 실행해서 어떤 결과를 도출하도록 하겠다는 내용을 공유하는 것이 목적이었다.

팀 업무의 특성상 숫자로 말할 수 없는 업무들이 대부분이었기 때문에 성과를 정확하게 도출하는 것이 쉽지는 않아서 회의를 준비할 때마다 많은 스트레스를 받았다. 그러나 회의가 상하 직위를 막론하고 자신의 의견과 아이디어를 기탄없이 말할 수 있는 분위기였기 때문에 힘든 회의를 그럭저럭 잘 견디어낼 수 있었다. 그렇게 몇 년을 보내고 나니 우리 팀의 회의 스타일이 매우 익숙해졌다.

그러던 어느 날 우리 팀장님께서 우리 팀뿐만 아니라 옆 팀의 리더 역할까지 겸하게 되었고, 두 팀의 성공적인 통합을 위하여 우리로 하여금 1박 2일 워크숍을 진행하도록 지시했다.

워크숍 1일째, 우리는 두 팀의 통합에 따른 여러 가지 현안을 가지고 많은 이야기들을 나누었다. 두 팀 간에 동일한 업무도 많았기 때문에 그것들을 어떻게 조정할 것인지에 대한 문제 등 많은 안건들의 합의점을 도출하기 위하여 노력하였다.

워크숍 2일째, 옆 팀의 부장님께서 어제 논의했던 업무 조정에 대한 안건을 본인의 방식대로 결정하겠다고 통보했다. 나는 그 방법이 비합리적이라고 판단했기 때문에 평소대로 손을 들고 나의 의견을 이야기했다.

"저의 생각은 좀 다른데…. 저의 생각을 말씀 드려도 될까요?"라고 동의를 구하고 나의 의견을 말하기 시작했다.
"부장님 말씀도 일리는 있으나 그렇게 하면 리스크가 발생하여, 결국은 실패하게 될 가능성이 높아 보입니다."

내 이야기가 끝나자 갑자기 주변 분위기가 싸해졌다. 그렇게 순식간에 분위기가 차가워지다니. 그 분의 표정이 점점 일그러졌고, 주변에 앉아 있던 동료들도 황당한 표정으로 나를 바라보고 있었다. (참고로 우리 팀의 직원 수보다 옆 팀의 직원 수가 3배 정도 많았다.)
그렇지만 나는 하던 말을 중단하지 않고 끝까지 했다. 이런 행동은 나뿐만 아니라 우리 팀원들에게는 특별한 것이 아니었으며, 몇 년 동안 해오던 평소와 다름없는 행동이었다. 부장님의 얼굴 표정과 주변 동료들의 분위기 때문에 어색했지만, 하고 싶었던 말을 모두 한 뒤 자리에 앉았다.
결국 쉬는 시간에 옆 팀의 선배 몇 명이 나를 따로 불러냈다. 나는 건물 구석으로 끌려가서(?) 선배들로부터 야단을 들어야 했다.

"너 엄청 잘난 척 하던데?!"
"굳이 팀원들 많은데 꼭 나서서 잘난 척을 해야겠어? 왜 그렇게 분위기 파악을 못 하니?"

"너 때문에 분위기 싸해지고 회의 시간만 길어졌잖아."

"그냥 부장님이 결정하시게 두고, 일하면서 풀면 될 걸 눈치 없게 나서서 일을 더 어렵게 만들고 있어."

두 팀은 같은 층에서 일하고 있었지만 전혀 다른 업무 스타일로 일해 왔던 것이다.

그 당시 나는 회의 시간에 나서고 상사의 의견에 토를 달았다는 괘씸죄로 다른 사람들의 수근거림을 참아내야 했다. 하지만 이 사건은 두 팀이 회의 시간에 자연스럽게 이야기를 할 수 있는 분위기로 변할 수 있는 전환점이 되었다.

상호의존적 사회, 즉 집단주의적 사회에서는 누군가가 튀는 행동을 하는 것을 불편해 한다. 나서지 않으면서 협력해 가는 모습을 미덕이라고 여긴다. 그래서 회의 시간에 좋은 아이디어가 있더라도 분위기 파악을 하면서 조심스럽게 내어놓을 수 있는 '눈치'가 있어야 한다. 그런 상황에서 자신의 의견을 자신 있게 표출하는 것을 '태도'의 문제로 여기는 경향이 있기 때문이다. 아이디어 그 자체에 대한 건설적인 토론에 몰입하지 못하고 "어떻게 이런 상황에서 (자기가 뭐 잘났다고?) 나서서 이야기할 수 있지?"라는 부정적인 판단을 하게 되는 경우가 많다. 위 사례에서 나온 '괘씸죄로 인한 다른 사람들의 수근거림'은 아마도 '따돌림'이었으리라. 그런 상황을 유연하게 넘기고 조직의 문화가 자연스럽고 긍정적인 토론이 가능한 문화로 만들 수 있는 계기로 삼은 주인공의 자부심과 자신감에 박수를 보낸다.

에피소드 4
기다리지 않고 직접 나서서 쟁취한 승진!

승진은 '직위의 등급이나 계급의 오름'을 말한다. 조직에서 구성원들의 가장 큰 바람 중 하나는 단연코 승진일 것이라고 생각한다. 나는 '승진'이라는 단어를 들으면 인사 철에 한 번씩 앓고 지나가는 계절병 같다고 느낀다. 취업 포털 사이트인 인크루트에서 인사담당자 216명을 대상으로 진급에서 계속 누락되는 직장인의 공통점이 무엇인가에 대해 물었다. 그 이유 중 하나가 "본인의 성과를 잘 부각하지 못한다."(21.3%)이다.

지금은 은행의 승진 체계가 많이 달라졌지만, 예전에 내가 다녔을 당시에는 행원으로 입행해서 일정기간이 경과하면 책임자고시를 볼 수 있는 자격이 생겼다. 책임자고시에 합격하고 승진 대상자들 간의 치열한 경쟁을 거치면서 또 몇 년을 기다린 후에야 책임자인 대리로 첫 승진을 하게 되었다.

책임자고시는 1년에 1번밖에 기회가 없었고 합격하기가 쉽지 않아 여러 번 응시하다가 결국 대리가 되기를 포기하고 행원으로 끝나는 경우도 많았다. 나 또한 4번의 도전 끝에 합격할 수 있었다. 그 4년 동안은 매해 몇 개월간 퇴근 후 독서실을 다니며 늦게까지 공부를 겸해야 했다. 새벽 1시가 넘어 아파트 동 사이에 떠 있는 달을 머리 위에 두고 집으로 터덜터덜 걸어가면서 '나는 지금 뭘 하고 있는 거지? 도대체 무슨 영화를 누리겠다고.'라는 생각을 수없이 반복했다. 집에

도착해 이미 잠들어버린 아이를 보면 내가 잘하고 있는 것인가에 대한 회의가 물밀듯 밀려오는 날들의 반복이었다.

이렇게 해서 드디어 책임자고시를 합격하고 승진을 위해 열심히 일하면서 성과를 쌓았다. 나는 당시 은행 본점의 홍보실에서 사보(社報)를 만들고 있었다. 홍보실에는 다행히 내 앞에 선배기수도 없었고, 나름대로 고과도 잘 받도록 무척 노력했다. 또 은행장표창도 받아 놓았기 때문에 다음 해 초에 있는 승진 인사에서 대리가 되는 것은 거의 따놓은 것이나 마찬가지라고 생각하고 있었다.

그러나 그해 갑자기 본점에서 5년 이상 근무한 직원들은 지점으로 나가야 하는 순환보직근무제가 실시되는 바람에 하반기 인사이동 때 S 지점으로 발령이 났다. S 지점은 직원이 50명이나 되는 대형 점포로, 거기에는 이미 대출 업무를 담당하는 남자 직원과 외환을 담당하는 여자 직원을 합해서 승진 대상자가 2명이나 있었다. 그들은 지점 고참직원들로, 매우 유능하다는 평가를 받고 있을 뿐 아니라 평판이 좋은 직원들이었다. 그 두 사람과 비교해볼 때 나는 지점에 이제 막 부임해온 전입 신참에 불과할 뿐이었다.

그 당시 아무리 대형 점포라도 한 점포에서 같은 직급 3명이 한꺼번에 대리로 승진하는 일은 거의 불가능한 일이었다. 더구나 내가 상대적으로 많이 불리했던 점은 승진 추천을 해야 하는 지점장님께서 기존 지점에 있는 승진 대상자 2명에 비해 나를 제대로 평가할 기회와 시간이 없었다는 것이었다.

이런 상황을 선배 책임자에게 이야기하면서 조언을 구했다. 그 선배는 내가 직접 지점장님께 그런 상황들을 정확히 설명한 후 승진 기회를 달라고 말씀을 드려보라고 권했다. 그 시절에는 지점장님의 부름 없이 행원이 지점장실을 들어가서 그런 의사 표현을 한다는 것은 상상하기 어려운 일이었다. 지점장님이 나를 너무 당돌하다고 생각하고 더 부정적으로 판단하실지도 모른다는 생각도 들었지만 그냥 부딪쳐보기로 했다!

뜻밖의 나의 방문에 지점장님은 잠깐 당황해 하시는 것 같았다. 일단 나는 내가 충분히 승진 대상이 된다는 것을 설명드렸고, 가능하다면 대상이 되는 두 직원들과 같은 조건에서 평가를 받고 싶다고 말씀드렸다. 그리고 마지막에 꼭 승진해서 제 나름대로 열심히 일해보고 싶다고 적극적인 모습을 어필하는 것도 잊지 않았다.

결과는? S 지점에서는 동일 직급 승진 대상자 3명이 모두 다 승진하는 놀라운 일이 일어났다.

그리고 나서 얼마 안 되어 내가 예전에 모시던 상사 한 분을 우연히 본점 회의석상에서 만나게 되었다. 그 분은 나를 보고 "김 대리! 김 대리가 권 지점장에게 협박했다며? 이번 인사에 승진 안 시켜주면 가만 안 있겠다고. 두 눈 동그랗게 크게 뜨고 말이야."라고 말씀하시면서 크게 껄껄 웃으셨다.

해마다 대부분의 기업에서 승진 인사가 시작되는 연말이 가까워지면 조직 구성원들 사이에서 다양한 루머와 눈치작전들이 난무한다. 대부분의 직원들은 자신의 상사가 알아서 잘 챙겨주겠지 하는 생각에 나서서 이야기하기보다는 마지막까지 열심히 하는 모습을 보이겠다는 생각으로 자신의 성취를 내세우기를 꺼려하기도 한다. 하지만 이번 에피소드의 김 대리는 승진 인사의 상황을 파악하고 기다리기보다는 상사와 부딪쳐 자신에 대해 강력하게 어필했다. 이 행동은 점장에게 '협박'처럼 느껴질 만큼 강렬했고, 그 강렬함이 부정적인 요소가 되기보다 성장에 대한 강한 자신감과 역량으로 느껴지는 긍정적인 모습으로 보여졌기 때문에 자신이 원하는 승진이 가능했다. 시중 은행과 같이 보수적인 조직에서 자신의 성과를 드러내어 이야기하는 것은 대단한 용기가 필요하다. 다가오는 승진 인사 시기, 당신은 준비가 되었는가? 알아주기만을 기다리지 말고 준비하고, 계획하고, 쟁취하라!

에피소드 5
부문 간 협업에 대한 감사의 표시… 기대치도 각각

나는 한국 현지법인에서 5년 정도 영업 리더로 일했다. 당시 내가 속해 있던 영업 조직은 지사장에게 보고를 하는 직속부서였고, 서비스 조직은 본사 조직으로 지사장과는 협업하는 체제였다. 이러한 협업 구조가 일의 전문성이나 효율성을 발휘할 수 있는 방법인지는 몰라도 한국에서는 이러한 구조를 운영하는 것이 상당히 어려웠다. 의료장비를 판매했던 한국법인은 당시 직원이 40~50명 정도였는데,

그중 사후 서비스를 담당하는 인원은 15명 정도였다. 그리고 서비스 수장으로 있었던 박 상무는 전형적인 한국식 정서로 팀을 운영하고 있었다.

지사장이 해외로 출장 중이었던 어느 날, 당시 큰 프로젝트를 잘 마무리하게 된 것을 보고받고 영업 리더로서 이 내용을 본사 유관부서와 리더들에게 메일로 한국 팀의 성과를 자랑하였다. 그 프로젝트는 당시 회사에서 드물게 큰 매출 건으로, 한국 지사의 위상에 큰 영향을 미치고 있었다. 고객의 요구 사항이 매우 까다로워 이에 대응하기 위하여 영업팀과 서비스팀의 적극적인 협업이 필수였다. 당시 서비스팀원들은 혼신의 힘을 다하여 프로젝트를 마무리하였고, 이는 영업팀과 기술영업팀, 서비스팀 공동의 성공 스토리였다. 그렇기 때문에 나는 메일에 이 프로젝트와 관련된 팀들의 노고를 나열하고 감사의 마음을 표현하였다.

그런데 문제는 이 내용을 본 서비스팀의 반응이었다. 그들이 보기에는 내가 보낸 메일이 자신들의 기여 부분을 다른 팀에 비해 상대적으로 너무 적게 표현했다고 느낀 것이었다. 그들은 섭섭함을 넘어 분노의 감정을 표출했다. 급기야 영업팀과 서비스팀의 미팅이 소집되었다. 나는 너무도 당황스러웠고, 한편으로는 서비스팀의 분노를 이해할 수 없는 상황이었다.

드디어 미팅 시간. 서비스팀 대표로 온 사람들이 차례로 섭섭함을 드러내었다.

"정 이사님, 어떻게 이럴 수가 있습니까? 누구 때문에 이 프로젝트가 성공적으로 마무리된 것인데 이런 식으로 저희 팀을 무시하다니요. 우리 팀의 역할이 없었으면 수주했던 프로젝트가 다 날아갔을 것입니다. 일주일 이상 밤을 새며 고생했는데. 기가 막히네요."

"이건 우리 부서를 완전히 무시한 것입니다. 이게 말이 됩니까? 어떻게 이런 일이 있을 수가 있나요?"

"아니, 무슨 말씀입니까? 저는 모든 부서가 수고하셨다는 내용으로 메일을 작성하여 보낸 것뿐인데요? 뭐가 문제인지 이해가 안 됩니다!"

"내용을 보세요. 우리 서비스 부서가 엄청나게 고생해서 그 프로젝트를 마무리하였는데, 우리 부서에 대한 이야기는 맨 뒤에 쥐꼬리만큼만 표현되었잖아요!"

"서비스 부서가 끝에 표현된 것은 프로젝트 내용을 단계별로 알리느라 그런 것이지 기여도를 무시한 것은 절대로 아닙니다."

목소리가 큰 사람이 이기는 식으로 미팅이 진행되자 상대적으로 수적으로 열세였던 영업팀의 담당 부장이 격하게 반박하였다.

"상무님, 서비스팀도 열심히 해주셨지만, 우리 영업팀은 그 전에 얼마나 살얼음판이었는지 아세요? 기존 공급업자가 끊임없이 우리를 몰아내려고 공모하여 사소한 꼬투리라도 잡으려고 눈에 불을 켜고, 자칫하면 그간의 고생이 물거품이 될 수도 있는 상황이었어요. 그 어려움은 이루 말할 수 없었다고요!! 고객사의 장 부장이 나한테 연락해서 포기하라고 협박하고 우리에게 불리한 독소조항을 계속 만들고…. 이 주문을 따기까지 제 몸무게가 5킬로그램이나 빠졌어요! 영업팀도 고생했는데 너무 우습게 생각하시는 것 아닌가요?"

서비스팀은 영업부장의 토로를 들으면서 서서히 가라앉기 시작했다. 몇 번의 큰소리가 더 오고갔지만 어쨌든 미팅이 마무리되었다. 서비스팀은 이후로 이 문제를 가지고 별다른 반응을 보이지 않았고, 그렇게 이 사건은 일단락되었다.

그 미팅에서 나는 그들의 격한 분노에 당황하여 어리숙한 상태로 씩씩대기만 했던 것 같다. 미팅 후에도 나는 그 상황이 도저히 이해도, 용납도 되지 않았고 그저 답답하고 화가 날 뿐이었다. 도대체 내가 뭘 잘못했다고?!

좋은 의도에서 한 행동도 상대의 기대치에 따라 전혀 예상하지 못한 상황으로 발전할 수 있음을 보여주는 사례이다. 대형 영업 프로젝트가 성공적으로 마무리되어 관계되었던 모든 부문에 대한 감사의 표시를 위해 썼던 메일이 의도치 않게 당사자에게는 '분노'의 대상의 되어 버렸으니 얼마나 황당한 상황인가!

상호의존적 성향의 사람들은 조직 전체에 보여지는 모습 또는 체면을 매우 중시한다. 엄청난 노력과 희생을 막 치른 후 회사를 위하여 큰일을 했다는 자부심이 충만할 때, 타 부서의 리더가 먼저 나서서 간략하게 감사의 표시를 한 것이 잘난 척하는 것처럼 보이고, 자신들의 노고를 가볍게 여겼다는 느낌을 받았을 수도 있었을 것이다.

회사에 대한 충성심으로 몸을 불살랐던 노력이 과소평가되고, 그 부서의 자부심에 찬물을 끼얹은 꼴이 된 것이었다.

   메일을 보내기 전 서비스팀에게 먼저 감사 인사말을 전한 뒤, 본사에 계약 체결 건에 대해서 연관되었던 모든 부서들을 언급해서 메일을 보내겠다고 이야기를 했더라면 미리 그들이 얼마만큼의 감사의 표시를 기대했는지 알 수 있지 않았을까? 그랬다면 이런 일도 미연에 방지할 수 있었을 것이다.

업무 스타일의
특징

독립적인 사람들은 개인적인 성향이 강하기 때문에 다음과 같은 특징을 보인다.

- 직접적으로 자신의 성취 내용을 말한다.
- 의사 결정 과정에서 더 자발적이고 관여하기를 기대한다.
- 개인적인 의견 또는 반대를 거리낌 없이 표현한다.
- 개인적인 스타일 차이를 유연하게 용인하며, 조직 내 격식이나 의전의 범위가 더 유연하다.

상호의존적인 사람들은 집단의 규범을 더 준수하기 때문에 다음과 같은 특징을 보인다.

- 실행에 옮기기 전에 다른 사람의 의견을 더 많이 구한다.
- 의견을 취합하고자 하기 때문에 의사 결정 과정이 더 오래 걸린다.
- 자신의 성취에 대해 적극적으로 드러내지 않는 경향이 있다.
- 개인적인 의견 표시나 반대를 표현할 때 조심하는 경향이 있다.
- 팀이나 그룹에서 지켜야 할 격식이나 의례 등을 중요하게 생각한다.

독립적 – 상호의존적
업무 스타일
스위칭하기

■ 신뢰 구축 및 팀워크

독립적인 사람은….
- 독립적인 사람에게는 먼저 다가가 인사를 하거나 자신을 소개하는 것이 상대에게 호감을 줄 수 있다. 다른 사람에 대해 알고 싶다는 관심을 표현하고, 대화를 통해 당신에 대한 정보를 공유해야 한다.
- 독립적인 사람에게는 힘 있는 악수, 바르지만 긴장하지 않은 자세, 밝은 표정, 적절한 눈맞춤(5초 이상)을 통해 자신감을 보여주는 것이 좋다.
- 독립적인 사람에게는 과도한 겸손으로 자신을 낮추는 화법은 자신감 부족 또는 낮은 자존감으로 해석되기 때문에 적절하게 자신의 경력이나 전문 지식을 언급하면서 스스로를 알려야 한다.

상호의존적인 사람은….
- 상호의존적인 사람에게는 대화를 할 때 귀 기울여 듣고 내가 먼저 말을 하거나 행동하기 전에 주변 상황과 맥락에 대해 알고 싶다는 태도를 확실하게 나타내는 것이 좋다.
- 외부인 또는 잘 모르는 사람이 조직으로 들어와 빠른 변화를 시도하는 것을 부정적인 것으로 받아들일 수 있기 때문에 초기에

협조를 얻기가 어렵다.
- 상호의존적인 사람과 새로운 상황에서 일하게 되는 경우, 자신의 성과나 개인적인 배경을 너무 강조하지 않도록 신경을 쓸 필요가 있다. 이러한 행동은 이기적이거나 오만하다고 해석될 수 있다.
- 상호의존적인 사람에게는 자신의 경력, 역량과 자질 등의 정보를 믿을 만한 타인 또는 상사를 통해 간접적으로 알리는 방법이 필요하다.

■ 리더십

독립적인 사람은….
- 리더가 권한을 위임해주기를, 리더에게 먼저 확인 받지 않고도 의사 결정을 내릴 수 있는 책임을 부여해주는 것을 원한다.
- 자신의 업무에 대해 어느 정도 권한을 갖게 되면 업무에 대한 만족도가 높아지고 따라서 생산성과 효율성도 높아진다.

상호의존적인 사람은….
- 팀원들과 강력한 관계를 형성하고, 그들의 의견일치를 도출하는 역량이 매우 중요하다.
- '가족주의적'인 리더십 스타일을 취하는 것이 일반적이다. 팀원일 경우엔 문제가 발생했을 때 대부분 리더에게 이를 보고하고 함께 해결하기를 원한다. 업무 문제뿐만 아니라 개인적인 문제도 리더에게 가져와서 해결에 도움을 얻기를 기대할 수도 있다.

■ 회의

독립적인 사람은….
- 회의가 끝나기를 기다리지 않고 토론하는 동안 먼저 의견을 제시하고, 질문한다. 반대가 있을 경우에는 의견을 표시해야 한다.
- 독립적인 사람에게는 모두의 의견을 취합하는 투표로 의사 결정을 해보기도 하고, 회의에서 아이디어를 얻기 위해 브레인스토밍 기법을 사용하는 것이 좋다.
- 충분한 시간을 들여 회의하는 것을 중요하게 여기지 않거나, 이를 알지 못할 수 있다.

상호의존적인 사람은….
- 상호의존적인 사람에게는 합의를 통한 의사 결정 방식의 회의가 실제로 의사 결정이 이루어지기보다 결정을 내리기 전에 정보를 교환하거나 또는 결정을 확고히 하기 위한 형식적 절차인 경우가 많다.
- 회의에서 실질적인 토론은 거의 이루어지지 않을 수도 있다. 따라서 한 사람이 주도적으로 의사 결정을 하는 과정을 이해하는 것이 중요하다.
- 먼저 주장을 펼치려고 하지 않기 때문에 회의를 시작하기 전에 1명씩 의견을 표시할 기회를 부여하여 차례대로 발표하도록 해야 한다.
- 많은 사람들이 참석하는 큰 회의보다는 소그룹의 회의가 더 효과적일 수 있다.

- 개인적인 의견보다 자신이 소속된 팀 또는 조직 전체의 의견을 보고하는 것을 더 편하게 느낀다.
- 개인의 의견이 대다수의 의견과 다를 경우라도 회의에서 질문을 하거나 의견을 이야기하기를 주저한다.

■ 피드백

독립적인 사람은….
- 독립적인 사람에게는 개인의 성과를 인정하고, 개인적으로 그리고 공식적으로 감사를 표시해야 한다.
- 개인에 대한 인정은 독립적인 사람들에게 중요한 동기 부여이다.
- 독립적인 사람에게는 일대일로 피드백을 제공해야 한다.
- 피드백이 구체적이고 시기가 적절해야 하며, 구체적인 예를 근거로 들어야 한다.
- 독립적인 사람에게 평가와 관련된 피드백을 제공할 때는 조직보다는 개인의 성과를 바탕으로 평가해야 한다.

상호의존적인 사람은….
- 특정한 개인에게 따로 피드백할 때는 신중해야 한다. 상호의존적인 사람에게는 이러한 행동이 긍정적인 효과보다는 부정적인 영향을 줄 가능성이 더 크다.
- 상호의존적인 사람에게는 개인의 성장보다는 조직의 목표 달성에 더 중점을 두는 것이 좋다.
- 경쟁을 독려하는 것보다 조직의 협업을 독려하는 것이 더 효과

적이다.
- 조직 단위의 독려와 보상이 더 효과적이다.
- 상호의존적인 사람에게 평가에 대한 피드백을 제공할 때는 균형 있는 평가를 내릴 수 있도록 다양한 출처로부터 정보를 구하는 것이 중요하다. 특히 그룹 내에서 조화로운 관계를 유지하는 것이 중요한 평가 기준이 될 수 있다.

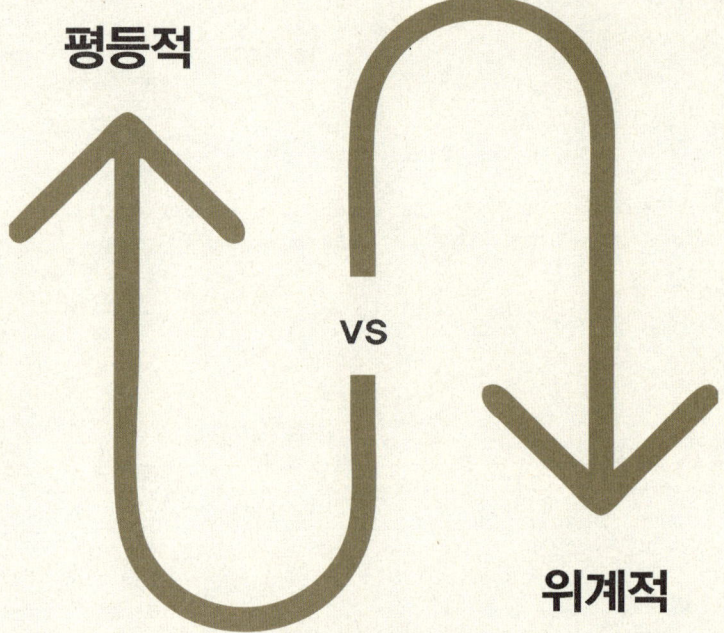

자신이 선호하는
조직 구조 및
권력 분배 방법과
업무 스타일

요즘은 조직의 문화에 따라 수평Flat 조직, 홀라크라시Holacracy(관리자 직급이 없고 상하 위계질서에 의한 의사 전달이 아닌 구성원 모두가 동등한 위치에서 업무를 수행)와 같은 다양한 조직 구조가 생겨나고 있다. 조직 구조는 의사 결정, 소통 방법 등 개인의 일하는 방식에 큰 영향을 미치기 때문에 자신이 편안하게 느끼고 선호하는 조직 구조와 권력의 분배 방법을 아는 것이 매우 중요하다.

상하로 명확하게 구분된 위계적인 조직 구조를 편안하게 느끼는 사람들은 누군가가 명확한 가이드라인을 주고 목표를 설정해주는 것을 선호한다. 상하의 구분보다는 수평적인 조직 구조가 익숙한 사람들은 지시를 받기보다는 본인이 직접 목표를 정하여 자유롭게 일할 때 더 잘하는 사람이 많다.

가끔 '위계'라는 단어를 강압적 또는 소통이 없는 것의 수식어로 사용하는 경우가 많기 때문에 의미 자체를 부정적으로 생각하기도 한다. 하지만 위계는 조직을 효율적으로 움직이고 일사불란하게 상황에 대처하기 위해 필요한 시스템이고 프로세스이다. 산업의 속성에 따라 위계적인 문화가 필요한 조직이 있는가 하면, 위계와 평등이 모두 필요한 조직도 있다.

평등한 조직 구조가 무조건 혁신이나 창의성을 만들어내는 것으로 과대평가하는 것 또한 매우 위험하다. 업무 스타일에는 좋고 나쁨의 우위가 있는 것이 아니다. 본인이 속한 조직 문화, 업무 특성, 주변 사람들의 행동에 따라 위계와 평등을 동등하게 잘 활용할 수 있어야 한다.

일상생활에서 보이는 평등과 위계

평등과 위계는 동양과 서양 문화의 비교를 통해 그 차이점을 알 수 있다. 평등이 기반인 서양에서 만들어진 체스에서는 왕이 영역과 방향에 상관없이 진격이 가능하며, 왕과 거의 대등한 여왕이 있어 일당백을 한다. 반면 위계가 기반인 동양에서 만들어진 장기는 장군의 영역이 고정되어 있어 졸병의 보호가 필요하다. 이것만 봐도 리더에게 기대하는 역할과 그에 대한 의전 등이 매우 다르다는 것을 알 수 있다.

이러한 차이는 일상적인 부분까지 스며들어 있다. 위계적인 사람이라면 가장 기본적인 식사예절에서도 상대가 어떤 사람인가에 따라 다른 행동을 할 것이다. 나이와 직급에 따라 좌석을 배치하고, 식사를 할 때도 가장 어른이 먼저 수저를 들어 식사를 시작해야 어린 사람도 식사를 할 수 있다. 술자리에서 건배를 할 때도 상대가 나보다 높은 사람이라면 나의 술잔을 낮추어 부딪쳐야 하고, 옆으로 얼굴을 돌려 마셔야 한다. 평등적인 사람에게도 지켜야 할 식사 예절이 있지만, 예절의 내용이 나이와 위계에 따라 구분되지 않고 모두에게 동등하게 적용된다.

조직에서
보이는
평등과 위계

조직에서의 평등과 위계는 조직의 구조와 권력 분배의 차이를 의미한다. 이러한 차이는 조직의 전반적인 부분에 영향을 주기 때문에 조직 환경(사무실 구조 등), 복장 등 눈에 보이는 부분에서 쉽게 찾아볼 수 있다.

■ 사무실 구조

조직에서 가장 잘 드러나는 평등과 위계의 차이 중 하나는 구성원들이 일하는 사무실 배치라고 할 수 있다. 사무실이 구성원 전원에게 개방된 공간으로 배치되어 있는 조직은 계층의 평등과 개방성을 중요하게 여긴다는 것을 의미한다. 반면 직급과 직책에 따라 사무실 공간을 구분한다면 위계에 따라 역할과 책임이 다르다는 것을 읽어낼 수 있다.

평등한 업무 스타일을 지향하는 곳의 사무실 구조는 조금 색다를 수 있다. 예를 들어 벨브Valve라고 하는 게임 회사는 '완전하게 평등한 열린 조직'을 지향하고 있다. 따라서 회사에는 명시적인 관리자와 보스가 없고, 개인이 자발적으로 모여 팀을 꾸리고 일하는 방식만이 존재한다. 이런 조직 구조의 특징 때문에 벨브 사의 책상들에는 바퀴가 달려 있다. 관리자가 존재하지 않는 수평 구조이기 때문에 아무도 일을 시키거나 참여할 프로젝트를 지정해주지 않으며, 구성원들은 일을 찾아 바퀴 달린 책상을 밀어가며 자리를 옮기기만 하면 된다. 아니면 스스로가 프로젝트를 만들고 함께 일할 사람을 구해 책상을 끌고 오도록 할 수도 있다.

■ 옷차림

누군가를 처음 만났을 때 가장 먼저 보게 되는 것이 복장이다. 상대방이 정장을 갖춰 입었을 때와 편안한 복장을 했을 때 연상되는 행동이 다르듯이, 조직 내에서 어떻게 행동해야 하는가에 대한 기준에 따라 개인의 복장이 달라진다.

여름철(6~9월), 공식 행사가 있는 날을 제외하고는 편안한 복장을 해도 된다는 공지가 회사에서 내려왔다고 가정하자. 조직 내 직급과 계층에 따라 역할이 중요한 사람은 그에 맞는 겉모습을 갖춰야 한다고 생각하기 때문에 의상에 대해 고민을 할 것이다. 이럴 경우 일단 신입사원이라면 정장을 입어야 할 확률이 높다. 그러나 개방성과 공유를 기준으로 일하는 사람은 계층과 역할에 따라 복장을 갖춰야 한다고 생각하지 않는다. 이러한 상황을 이해하는 회사라면 당연히 위와 같은 복장 규정도 존재하지 않는다.

상사의 역할에 대한 기대 차이

"상사가 팀 전체의 업무에 대한 정확한 답을 알고 있는 것이 중요하다고 생각하는가?"에 대한 답변을 마음속으로 생각해보자. 한 학술지에 실린 이 질문에 대한 답변을 조사한 결과를 보면 위계적인 문화일수록 상사가 정확한 답을 알고 있는 것이 중요하다라고 답했다.

상사의 역할에 대한 기대 차이는 업무 상황에서 다양한 행동 변화를 만들어 낸다. 평등적인 부하 직원은 상사도 팀의 일부분이라고 생각하기 때문에 상사의 역할을 멘토 또는 조력자 정도로 여긴다. 상사가 업무에 대해 많은 지시를 하거나 가이드라인을 줄 것이라고 기대하지 않으며, 본인이 맡은 업무의 책임은 본인이기 때문에 상사의 의견을 무조건적으로 수용하지 않는다.

반면 위계적인 부하 직원은 상사가 팀에서 가장 중요한 역할을 하는 사람이라고 생각하고, 모든 업무의 책임을 상사에게 둔다. 일단 상사의 지시사항이나 가이드라인을 기다리며, 그것이 있어야 안정적으로 업무를 진행할 수 있다고 믿는다. 동료나 후배보다는 상사에게 마지막으로 점검 받기를 기대한다.

업무 스타일
생각해보기

평등적인 스타일과 위계적인 스타일의 간단한 정의를 읽어보고 당신의 업무 스타일은 어디에 가까운지 표시해보자.

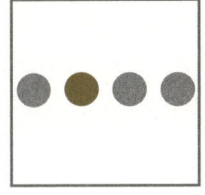 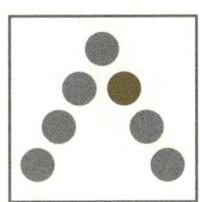

평등적					위계적

평등적	위계적
• 상사에게 도전하는 것이 불편하지 않다.	• 상사에게 도전하지 않는 것을 선호한다.
• 역할에 유연하다.	• 상사에게 공손하게 한다.
• 모든 사람을 동등하게 대한다.	• 위계에 따른 행동에 적응한다.
• 권력과 권위는 집단에 거리낌 없이 공유되어야 한다고 생각한다.	• 집단의 소수 사람들에게 권력과 권위가 있다고 생각한다.

업무 스타일별
상황 살펴보기

에피소드 1
달라도 너무 다른 회의 문화

오랜만에 만난 예전 직장의 후배가 만나자마자 푸념을 늘어놓았다. "도대체 회의는 왜 하는지 모르겠어요. 허심탄회하게 의견을 말하라고 해놓고 실제로 문제를 제기하면 싫어하는 기색이 역력해요. 심지어 나중에 선배가 와서 왜 쓸데없는 말을 해서 회의 분위기를 나쁘게 만드냐고 핀잔을 주거든요. 그러니까 아무도 말을 안 해요. 그냥 본부장님 훈시 시간이죠. 시간 낭비예요. 결과물도 없는 회의를 하루에 몇 번이나 하는지. 한심해요."

내가 위계적인 조직 문화를 가진 회사를 떠난 지 10년이 넘었다. 10년이면 강산도 변한다는데, 회의실 분위기는 그다지 변하지 않은 모양이다. 나 역시 비슷한 불만을 가졌었기에 피식 웃고 말았다.

위계적인 회사에서 사회생활을 시작했으므로 정도 많이 들고 그 시스템 안에서 일하는 것에도 나름 익숙했다. 하지만 비생산적인 회의 문화만큼은 시간이 지나도 변하지 않았다. 일단, 회의 시간에 자유롭게 반대 의견을 개진하거나 설명을 요구하는 것이 어려웠다. 상대방의 의견에 반대하는 주장을 하면 이를 개인적인 공격이나 무례함으로 받아들이는 경우가 많았다. '직급이 깡패'라는 말이 있듯이, 특히나 나이가 어리거나 직급이 어린 직원이 그럴 경우에는 더욱 그러했다. 사정이 이렇다 보니 회의 시간은 점점 더 침묵 속으로 빠져들었고, 대부분의 회의는 상사의 훈계나 잔소리로 끝나기 일쑤였다.

여러 부서가 모여서 회의를 하는 경우는 더 심하다. 질문에 답변하기 어렵거나 여러 사람 앞에서 반대하는 의견을 내면 상대방은 체면을 깎았다고 받아들이기 십상이다. 이런 상태로 회의가 끝나면 이후 협업에도 부정적인 영향이 미칠 수밖에 없다. 협업을 잘 해보자고 모여서 회의를 했는데 오히려 감정의 앙금만 남아 일하기가 껄끄럽게 되는 경우도 있다.

그러다 보니 회의 시간에는 이것도 아니고 저것도 아닌 적당한 정도의 의견들을 교환한다. 그리고 언제나 결론은 "그러면 협의해서 진행하라."라는 걸로 끝난다.

협의를 하기 위해 모였는데 결론이 협의를 해서 진행하라니?! 결국은 회의를 위한 회의를 하게 되는 셈이다. 이후 진정한 회의 목적을 달성하기 위해서는 물밑에서 여러 번 협의를 해야 한다.

무엇보다 좌절감을 느끼는 부분은 회의 시간에 상급자가 결정하고 지시한 것이 실무팀에서 지켜지지 않는 경우가 많다는 점이다. 회의 시간에는 불합리한 지시에 별다른 반대 없이 수긍하고는 "아까 그거 신경 쓰지 마. 저거 말도 안 되는 일이야. 시간이 지나면 어차피 잊어버리실 거야."라고 무시하는 경우도 왕왕 발생한다.

평등적인 조직 문화의 회사로 옮기고 가장 좋았던 것은, 바로 전혀 다른 회의문화였다. 타 부서가 관련되는 일이라면 모여서 회의를 통해 문제를 제기하고 답변을 하고 의사 결정이 이루어졌다. 물론 부서별로 따로 협의해야 하는 사안이 생기면 따로 논의했지만, 궁극적으로는 공식적인 회의를 통해 결정된 것이 반드시 지켜졌다. 회의는 업무 시간을 줄이는 역할을 했다. 회의 시간에 침묵하는 것은 오히려 그 일에 관심이 없거나 준비를 해오지 않은 사람으로 취급되었다. 모여서 회의를 한다는 것은 무엇인가 결론이 지어지고 결정되는 것이었다.

그런데 사람의 행동이라는 것이 얼마나 상대적인지, 주어진 상황에 어느새 익숙해져버리게 된다. 회사를 옮기고 얼마 지나지 않아서 새로운 업무 프로세스를 만들 일이 생겼다. 리스크관리팀, 결제팀, 법무팀 등 여러 부서와 협의를 통해 각 팀의 새로운 절차를 만들고 협업하는 절차를 구축하는 일을 맡게 되었다. 법무팀 동료와 의논을 하던 중, 그가 관련 팀을 모아서 전화 회담을 하라는 조언을 해주었다. 그의 조언을 토대로 사전에 예상되는 문제점이나 질문을 정리해서 메일로 보내고 전화 회담을 가졌다. 각 팀의 참석자들은 쉴 틈 없이 말을 쏟아냈다.

"우리 팀에서는 이런 유형의 절차를 해본 적이 없습니다. 보내준 것의 A는 가능한데, B 부분은 따로 검토를 해봐야 합니다. 그리고 C 부분은 어떻게 할 겁니까?"

"우리 팀은 지금 인력으로 요청사항을 진행할 수 없습니다. 인력과 업무 조정은 어떻게 해결할 겁니까?"

"우리 팀은 법무팀에서 A 부분을 정리한 자료를 받아야 진행할 것입니다."

"먼저 가이드라인을 받아야 진행이 가능한데, 언제까지 가이드라인이 나옵니까?"

참석자들은 질문, 공격, 숙제를 한가득 쏟아냈다.

정신 없던 회의는 다음 전화 회담 날짜를 정하고 마무리되었다. 마지막으로 남아 있던 법무팀의 동료가 나에게 인사를 하려고 다가왔을 때 그를 붙잡았다.

"잠깐만 기다려줄래? 너한테 물어볼게 있어."

"왜 그래?"

"혹시, 내가 뭔가 잘못한 거니?"

"음? 왜 그렇게 생각해?"

"아니, 다들 뭔가 문제가 있다고 하잖아. 모두가 이걸 반대하는 것이 아닌가 싶어서…. 내가 말을 잘못했나…."

"하하. 그렇지 않아. 다들 적극적으로 참여했잖아. 다들 네가 하려고 하는 일을 성공시키기 위해서 문제가 되는 점과 네가 해줘야 하는 점을 열심히 말해주지 않았어?"

"그…그런가…. 뭔가 좀… 내가 다들 싫어하는 걸 한 것 같은 기분이 들어."

"글쎄. 나는 전혀 그렇게 생각 안 했는데. 네가 처음이라 잘 모를까 봐 네가 알아봐야 하는 것도 미리 얘기해주던데."

다시 생각해보니 나는 내가 프로젝트 주관자가 되어 회의를 주재한 상황에서 참석자들이 반대 의견을 제시하거나 미처 생각해보지 못한 문제를 지적한 것이 불편했던 것이었다. "네가 확인은 해봤겠지만….." 또는 "이건 그냥 노파심에서 하는 말인데." 등과 같은 말 한 마디 없이 단도직입적으로 문제 제기를 당한 것에 얼굴이 화끈거렸고, "따로 얘기해줘도 될 것을 창피하게 상사도 참여한 회의에서 공개적으로 지적질을 하다니…. 좀 너무하지 않나?"라고 생각을 했던 것이다.

이전의 위계적인 회사에서 회의를 할 때는 의견을 제시하지 못하는 상황을 답답해하고 나의 의견을 위계에 관계없이 제시하는 사람인 듯했지만, 완전히 평등적인 회사에서는 나도 상대적으로 위계적인 사람이 되었던 것이다.

원인 파악이 되었어도 이런 불편함은 한동안 지속되었다. 회의 30분 전부터 전전긍긍하면서 자료를 뒤적이고 어떻게 답변할 것인지 중얼중얼 연습도 하곤 했다. 바짝 긴장해서 회의가 끝나면 기진맥진하기도 여러 번이었다. 이만하면 좀 넘어가주지 싶은 서운한 기분조차 느끼지 않게 되기까지는 1년 이상이 걸렸다.

회의는 조직 문화의 결정체다. 회의가 어떤 식으로 진행되는지를 보면 조직 문화가 수직적 문화인지 수평적 문화인지 정확하게 파악할 수 있다. 수직적 문화에서 회의는 윗사람이 업무지시를 일대다로 가장 편하게 할 수 있는 방법이다. 의사 결정을 위한 방법이라기보다 합의의 가시적인 모습을 암묵적으로 보여주는 방편이다. 그래서 회의에서 이의를 제기하고 의견을 내는 것이 매우 조심스러울 수밖에 없다. 특히 여러 직급의 참석자들이 함께 하는 자리라면 발언권 또한 직책에 따라 우선순위가 매겨지며, 그런 순서를 잘 지키는 것이 중요하다.

반면 평등적 문화에서의 회의는 구성원들 간에 각기 하고 있는 다양한 업무에 대한 공유와 함께 의사 결정을 함으로써 업무의 효율성을 높이는 매우 중요한 커뮤니케이션 방법이다. 그래서 참석한 사람들은 자신의 의견과 아이디어를 공유해야만 하는 의무가 있고 합의를 도출하기 위한 토론과 의견 제시는 기본이다.

아직까지 위계적인 조직 문화가 많은 한국 기업에서도 요즘 들어 회의를 좀 더 평등한 분위기에서 효과적으로 이루어지도록 변화를 시도하고 있다. 이러한 변화는 조직 전체의 기업 문화가 좀 더 수평적으로 변화해가는 기폭제가 될 것이다.

에피소드 2
사장님, 전 그런 의도가 아니었어요!

10년 전, 나는 외국 IT 회사의 영업 리더로 일한 적이 있다. 본사가 미국이었던 이 회사는 생긴지 10년 정도 되었는데, 성과에 모든 포커스를 맞추고 매년 20~30% 성장하는 벤처성 문화가 다분한 회사였다. 당시 나는 8명의 영업 직원을 관리하면서 업무 중심으로 일하였는데 그러한 점이 별 문제없이 통하였고, 지사장과도 편안한 관계를 유지하였다. 또한 실용성을 강조하고 업무 중심이었던 회사 문화가 나의 성향과 맞아 떨어졌다. 그래서 소화해야 하는 일의 양이 많았지만 버틸 수 있었던 것 같다.

본사는 한국 지사에도 같은 문화를 심으려고 하였고, 한국적 마인드로 입사했었던 지사장들은 이러한 위임이 없는 수평적인 문화에 적응하지 못하고 금방 그만두었다. 당시에도 지사장이 퇴사한 상태여서 본사에서 근무하고 있던 교포 2세 한국인이 임시로 6개월간 파견근무를 하고 있었다. 미국 문화가 몸에 익은 분으로, 한국 지사를 수평적으로 운영하면서 우리의 정서를 이해하고 아우르려고 노력하는 분이셨다.

어느 날, 지사장이 휴가를 가면서 나에게 주별로 진행되는 아태 지역 본사와의 전화 회의에 참여해 달라고 요청하였다. 아태 지역 본사 사장이 주관하는 영업 관련 보고 회의였다. 본사 직원들과 업무적으로는 전화나 메일 등을 통해 커뮤니케이션을 해왔지만 사장 회의에 참여하는 것은 이번이 처음이었다.

나는 지사장 대신 들어가서 업무 내용만 간단히 전달하면 되는 것으로 알고 참여하였다. 나는 영어로 진행되는 사장단 전화 회의가 처음이라 몹시 낯설었고, 마냥 긴장만 하고 있었다. 나라별로 돌아가면서 한 주간의 영업 실적, 다음 주의 영업 매출 예상을 보고하면서 목표 대비 매출이 부족하면 실행계획과 함께 문제점을 파고들며 몰아붙이는 분위기였다.

드디어 한국 차례가 되었다. 나는 간단하게 내용을 보고하고 어서 차례가 지나가기를 기다렸다. 그러나 지사장 대신 들어와 내용만 전달하고 빠지면 된다고 생각했던 내 예상은 여지없이 무너졌다. 나에게 왜 매출이 목표 대비 낮은지 이유를 묻고, 현재 진행되고 있는 거래 상황이 어떤지 등을 질문했다. 솔직히 그 거래는 경쟁사에 밀리고 있는 상황이었기 때문에 나는 내가 아닌 지사장이 직접 보고를 해야 하는 건이라 판단하고 "잘 모르겠다."고 대답하며 얼버무리고 마무리를 지었다.

다음날, 지사장이 나를 불렀다.
"어제 전화 회의에서 어떻게 얘기했기에 김 이사가 현재 진행되고 있는 거래도 잘 모르고 있다고 말하는 건가요?"
지사장이 아태 지역 본부 사장과 통화하면서 얘기가 나온 것이다.
"저는 그 거래가 우리에게 불리하게 돌아가고 있는데 사장님께 보고도 안 하고 상급자에게 보고하는 것은 도리에 어긋난다고 생각해서 정확히 얘기를 안 한 것인데요?"
"질문에 대답을 안 하고 모른다고 하니까 아태본부장은 김 이사가 거래의 진행 사항을 잘 모르고 있다고 생각한 모양이에요. 김 이사 정도의 직급이라면 알아야 하는 사항인데 그렇게 대답을 하면 김 이사의 역량에 문제가 있다는 인식을 갖지 않겠어요?"
나는 억울하다고 항변을 했지만 지사장은 불편해하는 모습이 역력했다.

돌아보면 나는 당시 영어로 진행되는 전화 회의가 익숙하지 않았

> 고, 내가 생각한 것과 다르게 하나하나 구체적으로 의견을 나누는 사장단 회의가 이해하기 어려웠던 것이다. 나는 지사장 대신 들어왔으니 특별한 질문은 없을 것이라고 안일하게 생각을 했던 것도 한몫했다.
>
> 　이후 나는 전화 회의에 대한 트라우마가 생겼고, 한참 동안은 전화 회의가 있으면 긴장감과 스트레스를 동시에 느꼈다.

　에피소드의 주인공은 간단하게 예정된 현황 보고만 하고 빠지면 될 것이라는 생각으로 전화 회의에 참석했다가 쏟아지는 질문에 지사장의 대타로 들어온 사람이 함부로 이야기해도 될까라는 위계적 생각으로 "잘 모르겠는데요."라는 대답을 했다. 그리고 이는 상사에게 본인의 역량에 대한 의구심을 심게 된 계기가 되어 버렸다.

　외국 회사에 일한다는 것은 혼재된 문화 안에서 일하는 것이고, 그 문화 차이를 이해하고 받아드리며 적응해 가는 것이 필수적인 태도일 것이다. 본인 스스로는 다른 사람에 비해 매우 평등적이고 독립적이라고 생각했으나 막상 외국 회사의 조직 문화 속에서 일하다 보면 가끔 문화의 차이를 실감하게 되는 경우가 많다. 나름 적극적인 행동이라 생각한 것조차도 답답한 사람으로 비쳐지거나 무능한 것으로 비쳐지기 쉽다. 따라서 소통을 어떻게 맞춰서 하느냐에 따라 자신의 역량을 제대로 인정받을 수 있게 된다.

에피소드 3
상사의 마음을 얻는 비책

외국 회사에 오래 다녔던 나의 치명적인 약점은 아마도 의전에 대한 감각일 것이다. 외국 회사에 다닐 동안에는 그에 대한 필요성을 전혀 느끼지 못했고, 오로지 성과로 증명하면 된다고 생각했었다. 이런 부분이 업무 성과보다 큰 영향을 줄 것이라고는 생각하지 못했기 때문이다.

회사를 그만두고 지인이 후원하는 문화원에서 자원봉사를 하면서 문화원의 실장을 알게 되었다. 그녀는 내가 외국 회사에서 근무했을 때 진행했던 프로젝트의 팀원과 결혼하면서 알게 되었는데 항상 웃는 모습이 참 보기 좋았다. 자원봉사를 갈 때마다 그녀의 미소에 치유되는 점은 좋았지만, 약간은 '인위적'인 느낌마저 있어서 '솔직함'을 최대의 미덕으로 여기는 나에겐 가까워지기 어려운 부분도 있었다.

그러나 같이 프로그램을 개발하기 위해 몇 번의 미팅을 하면서 나는 점차 그녀의 친절과 미소에 중독(?)이 되어 가고 있음을 느꼈다. 그녀는 사무실에서 미팅을 하게 되면 하루 전과 30분 전에 시간과 장소를 전화나 문자로 알려줬다. 또 사무실 현관 앞에 "이사님, 방문을 환영합니다."라는 포스트잇까지 붙여주었다.

때로는 이런 친절 절차가 과도해서 "이런 절차는 불필요해 보이는데 굳이 이런 것에 시간을 낭비해도 될까?"라는 우려가 생길 정도였다. "후원으로 운영되는 문화원의 사정이 그리 넉넉한 것도 아니고, 최대한 효율적으로 살림을 꾸려가는 것이 합리적 일텐데…."라고 멋대로 판단하면서 말이다. 미팅 장소에 가면 항상 자료와 음료수, 다과까지 완벽하게 준비되어 있었고, 쉬는 시간마다 필요한 것이 없는지 세심하게 배려해주었다. 또 미팅이 끝날 때는 고마움을 표시하는 작은 선물을 주었다.

몇 번의 만남을 통해 나는 그녀의 스타일이 편안해지기 시작했고, 나도 모르게 없는 시간까지 쪼개가면서 그녀를 돕고 있었다. 아무리 바빠도 그녀가 전화를 하면 반갑게 받게 되고, 세심하게 배려하고 챙겨주는 그녀의 모습에 중독되어 가는 나를 보게 되었다.

그녀의 의전 스킬은 다른 사람들을 대할 때도 빛을 발했다. 식사 자리에서 다양한 음식이 나오면 자신의 것을 조금씩 나누어 다른 사람에게 맛보게 하고 음료수와 반찬이 제대로 챙겨져 있는지 미리 살피고 마음을 썼다.

윗사람을 모시는 모습이 저렇게 세심하니, 문화원을 오가는 사람들마다 그녀를 칭찬하기 바빴다. 나도 문화원의 많은 직원들과 일을 했지만 기억에 남는 사람은 실장뿐이다.

자신을 조금 희생하더라도 상대의 직책에 걸맞은 배려를 하고 감사함을 표시하는 의전을 제대로 할 수만 있다면 이 또한 사람의 마음을 얻는 역량인 것이다. 그녀는 그런 의전뿐만 아니라 문서 작성이나 전화 응대, 대인 관계 등 무엇 하나 손색없어 보였다. 그렇게 보였던 것은 의전 역량에 마음을 빼앗겨 발생한 잘못된 평가였을까?

직장 생활을 하는 대부분의 사람들은 "의전도 역량이다."라는 말에 동의한다. 위계적인 조직 문화에서 승진을 하며 승승장구하는 대부분의 사람들에게 다른 업무적 역량과 성과도 중요한 요소이기는 하지만, 타의 추종을 불허하는 '의전 역량'은 그 길을 더 빠르게 갈 수 있는 지름길로 안내하기도 한다.

같이 일하는 동료가 이런 의전 역량이 뛰어난 경우 아첨하는 모습 또는 윗사람의 비위만 맞추는 부정적인 행동으로 봐야만 할까? 막상 당신이 조직의 임원이 되었다고 생각해보자. 내가 원할 때 정확하게 원하는 것을 챙기고, 업무에 불편함이 없도록 미리 준비하는 부하 직원에게 일을 잘한다고 평가하는 것은 너무나 당연한 결과다. 이런 부하 직원을 실제 성과나 역량보다 과대평가하는 것을 그저 '주관적이다' 혹은 '객관적이지 못하다'로 치부해 버릴 수 있을까?

에피소드 4
앗, 내가 그렇게 위계적이었던가?

전략 컨설팅 회사에서 프로젝트를 운영할 때, 일의 성과를 좌우하는 가장 큰 지표는 리서치팀에서 얼마나 정확하고 빠르게 필요한 자료를 제공하느냐에 달려 있었다. 좋은 리서치 팀원과 일하는 것이 프로젝트 기간 동안 삶의 질에 영향을 줄 정도로 중요했다. 원했던 자료가 일목요연하게 정리가 되어 있어서 입맛에 딱 맞는 자료가 오면 며칠 동안 해야 할 일이 한 번의 메일로 해결이 되기도 했다. 반면 원하는 자료가 없거나 필요 없는 자료들로만 가득하면 예상치 못하게 며칠 밤을 새어야 하는 경우도 생겼다.

컨설턴트로서 그런 상황을 잘 알고 있기에 내가 리서치팀의 팀장이 되어서 제일 먼저 했었던 것은 컨설턴트에게 넘겨주는 자료의 질을 컨설턴트가 원하는 결과물에 근접하게 분석해서 넘겨주는 것이었다.

그렇게 되기 위해서는 3가지의 역량이 필요했다.
- 자료 요청이 왔을 때 결과물에 대한 명확한 정의가 되어 있는지 적극적인 커뮤니케이션을 통해 확인하는 역량.
- 요청한 자료를 찾으면 핵심을 파악해서 정리해서 보내줄 수 있는 분석적 역량.
- 시간 관리를 통해 컨설턴트가 원하는 기한 내에 자료를 보낼 수 있는 시간 관리 역량.

팀장이 되고 첫 두 달 동안 각 팀원들의 역량을 면밀히 살펴본 결과, 팀원 간의 역량 차이가 생각보다 컸다. 당시 사무실은 2명씩 각각 다른 방에 들어가서 일을 하는 구조였다. 현실적으로 10명이 넘는 팀원들이 서로에게 배울 수 있는 기회는 같은 사무실에서 하루 종일 함께 일하는 사람과의 사이에서만 발생했다. 문제는 같은 방을 쓰는 두 사람은 서로 비슷한 수준에 머물러 있어 다른 방에 있는 사람들과의 수준 차이가 많이 난다는 것이었다.

나는 '어떻게 하면 일하면서 서로에게 배울 수 있는 기회를 최대화할 수 있는가?'에 대해 고민했다. 내가 내린 해결책은 사무실 방의 룸메이트를 바꿔주는 것이었다. 팀원들을 어떻게 하면 가장 효과적으로 짝을 이뤄줄 수 있는지를 고민하고, 효과적인 학습과 역량 개발을 위한 자리배치도 만들었다.

나는 회의 시간에 자리배치도를 먼저 나누어 주면서 이야기했다.
"내가 고민을 많이 해봤는데, 지금 구조는 서로에게 별로 도움이 안 될 것 같아. 학습과 역량 개발을 위해 여기 배포된 자리배치도에 따라 서로 방을 이동했으면 좋겠어."

모두 놀란 모습을 보이더니 이내 표정이 확 바뀌었다.

"어떻게 팀장님 마음대로 자리를 옮기라 마라 하시는 거죠?"
"지금 자리 배치 구조로는 서로에게 도움이 안 되니까. 예를 들어 자료소스를 잘 알고 있는 김 대리와 분석에 강점이 있는 최 사원이 같이 앉으면 서로의 강점을 공유할 수 있고 배울 수도 있는데, 뭐가 문제지?"
조금 나는 당황하여 자리 배치를 바꾸어야 하는 논리를 다시 한 번 설명을 했다. 하지만 나의 말은 팀원들의 화에 기름을 부은 듯했다.

"그래도 그렇지 어떻게 저희들 의견은 물어보지도 않고 자리까지 팀장님 마음대로 결정하실 수가 있으세요?"
"팀장이니까 자리 배치를 옮기라고 할 수 있지 않나? 어서 자리로 돌아가서 자리 배치를 바꾸고 오늘 일정을 시작하도록 해!"

그리고 몇 달 뒤 나는 팀원들에게 받은 다면진단에서 최하 점수를 받았다. 게다가 개방형 질문에서 팀원들이 나에게 쏟아놓은 불만은 나에게 비수가 되어 가슴에 꽂혔다. 지금 생각해보면 컨설턴트로 오랫동안 외근을 나가고 고객사 사무실로 출근하면서 일했던 나에게 사무실 책상의 위치는 그다지 큰 의미가 없었다. 단지 노트북을 놓기 위한 테이블 또는 일을 하기 위해 필요한 공간 정도의 의미였고, 자리를 바꾸는 것도 아무런 문제가 없었다. 반면 매일 같은 사무실, 같은 자리에 와서 일했던 리서치 팀원들에게 자신의 자리는 내가 생각해왔던 '자리'와는 다른 의미가 있었던 것이다.

팀장과 팀원들 간에 갈등이 발생했던 이유는 자리 배치 권한이 누구에게 있는지에 대한 생각이 달랐기 때문이다. 상사로서 팀원들에게 동기부여하고 자기계발을 할 수 있는 환경을 만들어 주는 것이 의무라고 생각했기 때문에 했던 행동이 평등적 욕구가 강한 팀원들에게는 그저 '권한 남용'으로 보여질 뿐이다. 이들에게 필요한 상사의 역할은 자리를 옮겨야 할 당사자들에게 충분히 의견을 물어보고 이를 제안한 후, 스스로 자리를 옮기도록 도와주는 것이다.

위계적인 문화에 익숙한 상사들에게는 부하 직원을 관리의 대상으로 보지 않고 서로 평등한 관계에서 상대를 바라보고 합의를 도출하는 과정을 즐기는 것이 어렵다는 것을 다시 한번 느낄 수 있다.

에피소드 5
코드가 맞는 상사를 만난 행운

지금은 생각할 수 없는 상황이지만 예전에는 여자 직원이 해야 할 일과 남자 직원이 하는 일이 구분되어 있었다. 20여 년 전, 1996년에 나는 여자 직원 대졸 공채 2기로 국내 모 증권사에 입사했고 여자 직원으로는 처음으로 본사 영업부서에 발령이 났다. 입사 초기에 받은 많은 부당한 처우를 지금 돌이켜 생각해보면 고의적인 것이라기보다는 회사로서는 처음 겪는 일이기 때문에 발생했던 것이었다. 상사들도 동료들도 '처음 받아보는 여자 직원'에게 어떤 일을 시킬 수 있는지, 혹은 어떻게 대해야 하는지 막막했던 것이다.

그간 여자 직원들은 지점이나 본사의 지원 업무를 맡았다. 2기인 우리보다 6개월 앞서 입사했던 여자 직원들도 업무지원팀에 배치되었고, 단 1명이 기업분석팀에 애널리스트로 발령이 났다. 당시 그 직원의 사수였던 차장님은 "여자는 분석 업무를 감당할 수 없으니 빨리 포기하게 하는 것이 도와주는 것이다."라고 생각했다고 한다.

나 역시도 뜨거운 감자였던 모양이다. 처음 팀에 배치되었을 때의 상황은 말할 것도 없고, 시간이 지나 내 업무가 생긴 이후에도 되풀이해서 '여자 직원이 할 수 있는 업무가 아니다'라는 선입견에 부딪혔다. 1999년 A 대리와 단 둘이서 신규사업에 투입되었고, 몇 개월이 지나 팀이 만들어졌다. MBA 출신 대리급 및 차장급이 배치되고 팀장이 정해졌다. 시장에 대한 가능성만 그려진 상태에 법률도 미비했고 그 누구도 상품을 어떻게 만들어야 하는지 모르는 상태였다. 직원들끼리 공부를 하고 외국 자료와 책을 뒤적이며 머리를 쥐어짜고 토론을 거듭하면서 방법론을 구축했다. 그리고 두어 명씩 짝을 지어 제안서 작업과 딜을 맡았다. 초기에는 그렇게 무에서 유를 만들어갔다.

그러던 어느 날, 새로 부임한 팀장님이 팀 회의 시간에 "네가 지금 맡고 있는 일을 다른 남자 직원들한테 넘기고, 너는 총무 업무를 해라."라고 선언했다. 사실 이런 상황은 처음이 아니었다. 처음 배치 받았던 팀에서도 처음에는 복사와 팩스 업무만 시켰었고, 우여곡절 업무를 배우고 온갖 딜을 소화하게 된 후에도 팀장님이 바뀌면 여지없이 "지금 맡은 딜을 넘기고 총무 업무를 해라."라는 소리를 들었다. 다행히 당시에는 같이 일을 해온 사수가 태업을 불사하고 팀장님을 설득해서 나는 본 업무를 계속 할 수 있었다. 그러나 이번에는 팀 자체를 새로 만들다 보니 그렇게 옆에서 지원사격을 해줄 사람도 없는 상황이었다. 단지 여자라는 이유로 되풀이되는 이 상황이 좌절스럽고 화가 났다. 남자 직원들에겐 당연한 '내 일'을 갖는 것이 나에겐 왜 문제가 되어야 하는가? 부당하다는 생각과 본 업무에서 빠지면 다시 그 일로 복귀시켜줄 것 같지 않아 가슴이 답답했다.

하루 이틀 전전긍긍했지만 도저히 납득이 되지 않아 팀장님을 회의실로 끌고 들어갔다. 업무에 깐깐하고 엄청난 추진력 때문에 회사 내에서 무섭기로 소문이 자자한 분이었다. 면담을 청하기는 했지만 심장이 쿵쾅거리며 목구멍으로 튀어나올 것만 같았다.

"팀장님, 제가 팀이 만들어지기 전부터 이 업무를 해왔고, 새로 팀이 만들어지고 팀원들이 합류한 후에도 최선을 다해 자료와 지식을 공유하고 열심히 일해왔습니다. 비록 제가 MBA 출신은 아니지만 현재 상태로는 제가 지금 업무를 이 팀에서 가장 오래 해왔습니다. 그간 제가 일하는 것에 불만이 있으신지요?"

"아니, 없어. 네가 열심히 잘 해줬다고 생각해."

"그러면 왜 저한테 업무를 다른 사람한테 넘기고 총무 업무를 하라고 하시는지 저는 납득이 되지 않습니다."

"업무 분장은 팀장이 하라면 하는 거지. 팀에 총무가 필요니까 하라는 거야."

"그러면 왜 꼭 제가 해야 합니까? 제가 여자이고 어리다는 이유 이외에 제가 잘 하고 있는 업무를 내놓고 총무 업무를 담당해야 하는 합리적인 이유가 있으시면 말씀해주세요. 제가 어리고 여자라는 이유만으로 시키시는 것은 납득할 수 없습니다."

"너 말이 맞다. 너가 어리고 여자라서 하라는 거 맞아. 그래서 뭐 어쩌라고."

"저는 해오던 이 일을 계속 하고 싶습니다. 그냥 여자니까 본 업무를 안 시키겠다는 건 부당합니다. 총무가 필요하면 총무를 뽑으셔야지요."

"업무 분장은 내 책임이고 내가 정하는 거야. 좋고 싫고가 어디 있어. 일단 네 의견은 내가 알았으니, 가봐."

대화는 이렇게 끝났다. 그리고 며칠 후 팀장님은 총무 업무를 담당할 직원을 새로 충원했다. 내가 겁이 없었던 것은 아니었다. 그러나 나는 내 일을 할 기회를 의사 표현 한 번 제대로 못해보고 빼앗기는 것이 죽기보다 싫었다. 그리고 내내 후회할 것이 싫었던 것이다.
　이 팀장님과는 이후에도 여러 번 부딪히면서도 함께 열심히 일했다. 내가 감당하기 쉽지 않은 어려운 책임도 자주 맡기셨는데, 그 분과의 시작이 이렇다 보니 어렵다 힘들다 말도 못하고 낑낑거리며 열심히 할 수밖에 없었다. 어리다고 여자라고 우는 소리를 할 수가 없었다고나 할까.

　시간이 흐르고 당시 팀원들과 모여 떠들다가 문득 이 사건에 대한 이야기가 나왔다. 팀장님은 미간을 찌푸리고 이렇게 말했다.

　"나는 황당했지. 완전히 봉변당했다 아이가. 뭐 이런 가시나가 다 있나 싶고. 확 잘라 버릴까 싶기도 했는데, 한편으로는 장한거야. 이렇게 부들부들 대들면서 일을 하고 싶다는 게. 이 녀석은 제대로 할 것 같다는 감이 오더라. 그런 열정이 있으면 뭐든 안 하겠나."

　위계를 무시하고 상사에게 대들면 부정적인 결과만 가져올 것이라고 걱정하는 사람들에게 이 사례는 희망의 메시지를 준다. 실제로 매우 위계적인 조직 문화이지만, 그 조직 문화에 편승하지 않고 자신의 방식대로 행동하면서도 인정받는 사례는 많이 있다.
　위계적인 상사에게 자신의 의견을 주장하면서 원하는 것을 얻어내기 위해서는 자신이 하고 있는 업무에 대한 자부심과 전문성으로 주위에서 인정을 받고 신뢰가 구축되어 있어야 한다는 전제 조건이 있다. 자신이 하는 일에 자신감이 있고 실제 성과를 만들어 내고 있다면 눈치를 보지 않아도 된다.

업무 스타일의
특징

평등적인 사람들은 위계 및 질서를 위계적인 사람들에 비해 의식하지 않기 때문에 다음과 같은 특징을 보인다.

- 주로 공식적이지 않는 상호 작용 스타일을 선택한다.
- 직급이나 직책에 관계없이 자유롭게 아이디어를 공유한다.
- 교육 상황에서 보다 많은 상호 작용을 기대한다.
- 권위를 가진 사람에게 기꺼이 도전한다.

위계적인 사람들은 조직 내의 직책과 직위에 따라 행동이 달라야 한다고 생각하기 때문에 다음과 같은 특징을 보인다.

- 좀 더 격식을 갖춘 공식적인 상호 작용 스타일을 선택한다.
- 팀 또는 조직에서 자신의 직급보다 높은 상사 또는 낮은 부하 직원과 아이디어를 차별적으로 공유한다.
- 상급자를 따르는(복종하는) 경향이 강하고 권위를 가진 사람에게 가능하면 도전을 하지 않는다.

평등 – 위계
업무 스타일
스위칭하기

■ 신뢰 구축

평등적인 사람은….
- 연령, 지위, 신분에 상관없이 모든 사람들을 동일하게 존중해야 한다고 생각한다.
- 위계 중심의 문화보다 형식을 차리는 경향이 적다.
- 직급 · 직책에 따라 다른 형태의 상호 작용을 하지 않으며, 위계가 높다고 해서 더 신뢰하고 위계가 낮다고 해서 덜 신뢰하지 않는다.
- 평등적인 사람과 효과적으로 일하기 위해서는 해당 역할의 사람들의 행동이 적절한지 판단할 때 유연한 태도를 가져야 한다. 행동에 대한 예외가 있음을 받아들이고, 규칙을 융통성 있게 적용하는 것이 효과적이다.
- 권한을 가진 사람이 평등적인 사람이라면 그의 의견에 과감히 도전하면 도움이 된다.

위계적인 사람은….
- 서로 다른 직급 · 직책의 사람들 간의 상호 작용과 관계에서 형식과 절차가 존재한다. 리더와 부하 직원 간의 관계는 공식성이 중요하다.
- 위계적인 사람에게는 지나치게 격 없는 태도는 피해야 하며, 특

히 처음 만났을 때 주의해야 한다.
- 위계적인 사람들과 함께 일하게 될 경우에는 그들이 존경하고 신뢰하는 사람을 통해 공식적으로 소개를 받는 것이 좋다.
- 격식을 갖춘 복장이 위계적인 사람과 신뢰를 쌓는데 도움이 될 수 있다.
- 위계적인 사람에게 메일을 보내거나 전화를 걸기 전에 적절한 제 3자에게 적합한 방법으로 소개를 받는 것이 좋다.
- 명함 교환, 공식 회의나 저녁 식사에서 좌석을 배치하는 등의 상황에서는 직급이나 직책에 따른 적절한 의전을 갖추는 것이 중요하다.
- 상대방의 지위 또는 위계에 따라 개인의 행동이 달라진다. 이러한 행동의 변화는 적절한 행동이며 사회적 성숙도를 나타내는 표시로 간주된다.
- 위계를 높이 평가하고 존중하는 사람들과 함께 일하는 경우, 상대방의 상대적 지위를 인식하는 것이 매우 중요하다. 상대의 지위에 따라 적절한 행동이 달라지기 때문이다.

■ 리더십

평등적인 사람은….
- 직급과 직책에 따라 일을 구분하지 않고 참여하는 리더를 존경한다.
- 리더는 직원들에게 리더에게 먼저 승인을 받지 않고도 조치를 취하고 의사 결정을 내릴 수 있는 책임을 부여해주며, 직원들도

권한을 위임받기를 원한다.
- 리더는 업무에 대해서 구성원들에게 자세히 설명해야 할 의무가 있다고 믿는다. 직원들은 단지 어떤 일을 하라는 지시를 받기보다 그 일을 왜 해야 하는지 알고 싶어 한다.
- 권력의 격차는 거의 없으며, 리더에게 가장 중요한 것은 상대방과의 접근성이다.

위계적인 사람은….
- 직급과 직책에 따라 수행해야 하는 일이 명확하게 구분되어 있다.
- 부하 직원에게 더 많은 지시와 지도를 제공해야 한다.
- 리더는 구체적이고 직접적으로 지시해야 한다.
- 부하 직원들은 업무의 중요한 책임이 대부분 리더에게 있다고 생각한다.
- 대부분의 업무는 리더의 확인을 통해서 진행된다.

■ 회의

평등적인 사람은….
- 회의는 덜 공식적인 분위기로 진행되는 것을 선호한다.
- 의견 제시의 기회 및 시간은 참가자들에게 공평하게 분배되기를 기대한다.
- 회의에서 자신의 의견을 말하는 것이 중요하다.
- 침묵은 동의로 받아들인다.
- 의사 결정을 보통 회의에서 내린다. 따라서 회의 후 따로 다른

경로를 통해서 자신의 의견을 제시할 수 있는 기회가 있을 것이라 기대해서는 안 된다.

위계적인 사람은···.
- 상사인 경우 그의 의견에 공개적으로 도전해서는 안 되며, 부하 직원일 경우엔 당신에게 반대 의견을 표명하거나 명확히 하기 위해 질문할 때 주저할 수 있다는 사실을 인식해야 한다.
- 위계적인 사람에게는 질문을 하고 의견을 밝힐 기회를 공식적으로 제공해야 한다.
- 위계질서를 존중하기 때문에 회의에서 특정한 개인이 반대 의견을 내지 못할 수 있다.
- 위계적인 사람에게는 감정을 드러내지 않고 신중한 태도를 보이는 것이 중요하며 특히 상사 또는 가까운 동료가 아닌 사람들이 참석한 그룹에서는 더욱 신경을 써야 한다.
- 위계적인 사람과 더 구체적인 합의에 도달하지 않았다면 회의에서 내려진 의사 결정이 확정적이라고 간주하면 안 된다.

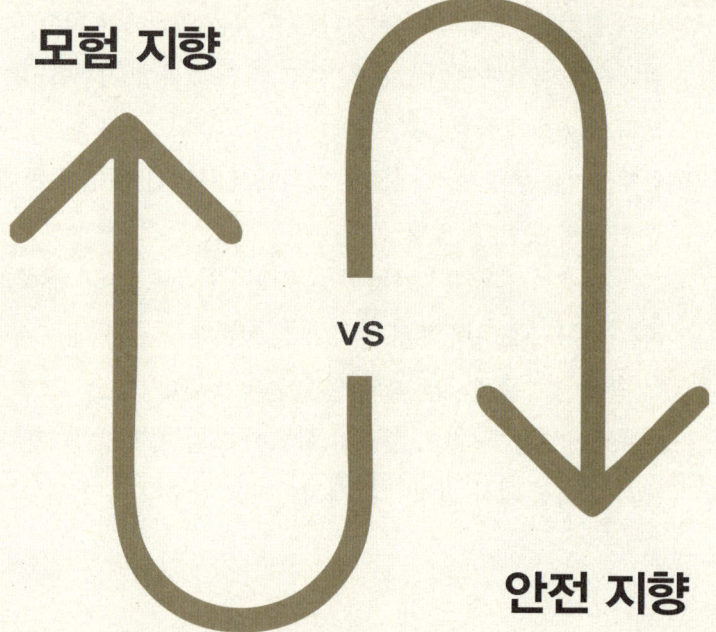

불확실한
상황에서의
의사 결정 방법과 업무 스타일

당신이 신제품을 출시하는 프로젝트 팀의 일원이라고 생각해보자. 프로젝트 팀에는 모두 역량이 뛰어난 사람들이 모여 있지만, 현재 편을 갈라서 서로의 의사 결정을 비판하고 있다.

A 팀: 프로토타입을 만들어 일단 시장에서 테스트를 해봐야 한다.
B 팀: 시장 출시 전 파일럿 테스트를 통해 완성도를 높여야 한다.

A 팀은 속도를 중요하게 여기는 모험 지향적인 업무 스타일의 사람들이고 B 팀은 완성도를 중요하게 여기는 안전 지향적인 업무 스타일의 사람들이다. 팽팽하게 대립하고 있는 두 편의 의견은 모두 맞는 말이다. 그렇다면 이들은 서로를 어떻게 평가하고 있을까?

모험 지향적 → 안전 지향적	안정 지향적 → 모험 지향적
• 지루하다.	• 거만하다.
• 게으르다.	• 자기중심적이다.
• 자신감이 없다.	• 위험하다.
• 분석에만 집중한다.	• 두려운 행동만 한다.
• 행동 중심이 아니며, 기업가 정신이 부족하다.	• 모든 문제, 사람, 관계를 고려하지 않는다.
• 책임을 회피하고 지시를 기다린다.	• 무책임하고 미성숙하다.

이처럼 두 업무 스타일의 차이는 서로의 역량을 평가하는 것에 큰 영향을 주게 된다. 2가지 업무 스타일 차이는 속도와 정확성에 대한 우선순위가 다르기 때문에 발생한다. 모험 지향적인 사람들은 속도를 늦추지 않고 빠르게 의사 결정을 하는 것이 일을 잘하는 것이라고 생각한다. 반면 안전 지향적인 사람들은 실패의 가능성과 오류를 최소화하는 의사 결정이 최선이라고 여긴다.

직무에서 보이는
모험 지향 VS 안전 지향

직무의 특징에서 영향을 받아 업무 스타일에 차이가 발생하기도 한다. 예를 들어, 영업팀은 불확실성이 높은 상황에서 설득을 하는 업무 프로세스를 가지고 있기 때문에 고객의 피드백을 받으면서 발전시켜 나가는 것을 선호한다. 이러한 업무 스타일의 핵심은 시간 낭비를 줄이는 것이다. 빠르게 의사를 결정하고 결과물을 내는 과정을 통해 잘못된 가정을 최대한 빨리 검증하고 회피한다.

반면에 R&D 또는 재무팀은 확실성을 더 중요하게 생각한다. 이러한 직무를 수행할 때 내리는 의사 결정은 불가역적인 결정, 즉 결정을 내렸을 때 결과를 되돌릴 수 없거나 결과를 되돌리기에 너무나 많은 시간과 노력, 그리고 자본이 들어가는 경우가 많다. 이런 경우에는 많은 분석과 자문을 구하고 심사숙고 끝에 결정을 내려야 한다. 직무 특성상 프로세스가 길고 시간이 오래 걸릴 수밖에 없다.

일을 하다 보면 다른 직무를 가진 팀과 협업을 해야 하는 경우도 많기 때문에 속도와 정확성 모두를 고려해서 의사 결정을 하게 된다. 협업 과정에서 더 좋은 성과를 내기 위해서는 하나의 업무 스타일만을 활용하기보다는 반대편에 있는 업무 스타일을 적용할 줄 알아야 한다. 어느 사안에 대해서는 완성도와 정확성이 높은 최선의 결정을 하고, 다른 사안은 **빠른** 결정을 해서 최대한 결과를 빨리 수용하고 시도한다면 모두를 만족시키는 결과를 만들어낼 수 있다.

업무 스타일
생각해보기

모험을 지향하는 스타일과 확실성(안전 지향)을 선호하는 스타일의 간단한 정의를 읽어보고 당신의 업무 스타일은 어디에 가까운지 표시해보자.

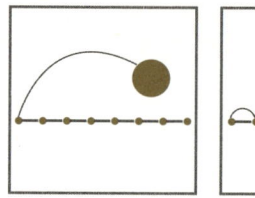 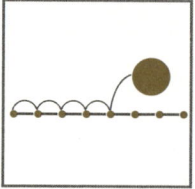

모험 지향					확실성

모험 지향	확실성
• 빠른 의사 결정과 빠른 결과를 선호한다. • 유연성과 주도성이 중요하다. • 철저함보다 속도에 가치를 둔다.	• 배경 조사에 많은 시간을 투자한다. • 프로젝트를 시작하기 전에 적절한 단계를 구축한다. • 속도보다 철저함에 가치를 둔다.

업무 스타일별
상황 살펴보기

에피소드 1
추천해주세요!

내가 과장으로 근무할 당시 회사에서는 직원들의 의견을 정책에 반영하기 위한 다양한 의사 소통 채널을 만들어 적극 활용하고 있었다. 회사에서는 주니어보드라는 이름으로 사원에서부터 과장까지의 젊은 직원들이 멤버로 참여하여 사장님을 모시고 월 1회 진행하는 공식적인 활동이 운영되었다.

우리 팀에도 주니어보드 멤버로 활동하는 정 과장이 있었다. 늘 밝은 모습의 정 과장은 전사적인 활동에도 매우 적극적으로 참여하면서 조직 내에서도 좋은 평판을 다져가고 있었다. 그러던 어느 날 정 과장이 부서원들이 모여 있는 자리에서 제안을 했다.

"오늘 주니어보드 미팅이 있는 날인데, 금번 기수 임기가 만료되어 새로운 멤버를 추천받고 있는데 혹시 관심 있는 분들은 저한테 알려주세요!"

대부분 부서원들이 그 이야기를 흘려듣고 있는지 반응이 없었다. 나는 갑자기 호기심이 발동하여 앞뒤 안 가리고 손을 들었다.

"거기에 자진 신청해도 되나요?"

"관심 있어요? 한번 해보실래요? 그럼 제가 추천해드릴게요."

"그럼 오늘 모임에 제가 참여해도 되는 것이죠? 오늘 참석하고 싶어요!"

그러나 곧바로 '아차! 괜히 이야기했나? 한 달에 한 번씩 가지는 미팅이지만 사장님과의 미팅이라면 아무래도 이것저것 준비하고 따로 시간을 써야 할 텐데…. 게다가 사람들이 별로 관심을 보이지 않을 때는 그만한 이유가 있을 텐데, 괜히 나선 것은 아닌가?'라는 생각이 들기도 했다.

물론 주니어보드에서 다루어지는 주제는 조직 문화와 관련된 사항을 비롯하여 회사의 제도나 시스템을 개선하기 위한 의견 등 다양했다. 또 사장님께서 직접 참여하셔서 들으셨기 때문에 회사에 반영하는 기간과 절차도 단축되었고, 젊은 직원들에게는 경영층의 리더십을 가까이에서 배울 수 있는 기회이기도 했다.

그날 오후 나는 아무 준비도 없이 주니어보드 미팅이 이루어지는 본사 대형 회의실에 처음 방문을 하게 되었다. 임기 종료 멤버 및 신규 주니어보드 멤버들이 참여하는 미팅이어서 인원도 많았고 약간의 서먹함과 긴장감이 감도는 회의실 분위기였다. 드디어 사장님께서 회의실에 들어오시면서 위원장 주재로 회의가 시작되었고 오늘 참석한 멤버들이 각자 자기소개를 하는 시간이 있었다. 돌아가면서 진행되는 자기소개를 들어보니 대리가 많았고 과장은 나 혼자였다.

자기소개를 마치고 위원장을 선출하는 시간이 되었다. 오늘 참여한 신규 멤버 중에서 위원장을 선출해야 하는 상황이었다. 위원장을 하고 싶은 사람은 손을 들어보라는 질문에 아무도 손을 들지 않고 진행자와 눈 맞추기를 피하고 있었다.

"그러면 위원장은 투표로 결정하겠습니다. 위원장에 적임이라고 생각되는 멤버를 여러분의 손으로 가리켜주세요. 눈 감고 시작합니다. 이제 눈을 뜨시고 결과를 확인하세요."

눈을 떠보니 모든 사람들의 손이 나에게 향해 있었다. 조금 전 자기소개 시간에 나도 모르게 느껴졌던 쌩한 느낌이 바로 해석되는 순간이었다. 나는 오전에 "저 추천해주세요!"라고 얘기하고, 그날 오후에 주니어보드 미팅에 참여해서 위원장까지 하게 된 것이다.

이렇게 시작한 활동은 정기적인 주니어보드 미팅을 위해 본사를 방문하고, 경영층을 만날 수 있는 기회를 갖는 계기가 되었다. 뿐만 아니라 그동안 없었던 주니어보드 운영 규칙도 정립하고 회사의 드레스 코드도 새롭게 정비하였다. 그 외에도 직원들의 참여를 끌어내는 봉사활동과 같은 재미있는 활동을 많이 하면서 나 스스로에게도 긍정적인 에너지를 갖게 되어 회사생활이 더욱 재미있게 되었다.

어느덧 주니어보드 임기가 끝나게 되어 새로운 멤버를 추천 받아 새로운 기수가 출범하는 미팅을 하게 되었다. 사장님께 임기 종료 활동 보고를 드렸고 많은 칭찬을 받았다. "이번 기수가 활동을 참 잘했

> 다! 수고했다."는 특별한 피드백을 받았을 뿐만 아니라 나의 인사기록에는 '주니어보드 특별 공로상 수상'이라고 당당하게 기록되었다.
>
> 만약 내가 시작 전에 주니어보드 역할과 역할에 대해 깊게 생각했다면 난 아마 하지 못했을 것이다. 그러나 앞뒤 재지 않고 참여했기 때문에 업무와 병행하면서 할 수 있었다. 때로는 호기심이 생기는 일에 과감하게 도전하는 것이 생각지도 못하는 좋은 결과를 가져다준다는 좋은 경험을 했다.

회사에서 일하면서 '호기심'이 덕목이 되는 것은 신입사원 때뿐인 경우가 많다. 산전수전 다 겪고 나면 괜히 앞뒤 안 가리고 손을 들었다가 독박을 쓰기도 하고 엉뚱한 일에 불려 다니면 정작 자신이 해야 할 성과 관리를 잘 못하게 되는 경우가 생기기도 한다. 그러면 조직에서 무엇인가 주도적으로 나선다는 것이 점점 어려워진다. 경험해 봤기 때문에 더욱 도전하지 않게 되는 안타까운 상황이다. 그럼에도 불구하고 새로운 것에 도전해본다는 것은 일단 하지 않는 사람에 비해 한 걸음 더 앞서 갈 수 있는 기회가 된다. 뭔가를 하지 않는 것보다는 도전함으로써 더 많은 성장을 할 수 있다.

에피소드 2
보고를 위한 보고서 작성보다는 일단 행동으로!

나는 중요 고객사의 업무 프로세스 혁신 프로젝트에 팀장으로 선임되었다. 당시 나는 이렇게 큰 규모의 프로젝트 팀장을 해본 경험이 없었기에 약간은 두려움과 함께 해보고 싶다는 강한 열망도 가지고 있었다.

프로젝트에 투입되기 전, 준비를 위해 대형 프로젝트 경험이 있는 분들에게 프로젝트의 구조와 방법론에 대한 자료를 챙겨서 미리 읽어보고 준비했지만 이론으로 금방 알 수 있는 것은 아니었다.

이 프로젝트는 고객사의 중요 업무의 현황 분석을 통해 새롭게 향후 프로세스를 정리하고 그에 맞는 시스템을 구축하는 작업으로, 당시 고객사에게는 엄청난 예산이 배정된 대형 프로젝트이었다. 이러한 프로젝트 규모로 인해 주변의 다수 기업에서도 큰 관심을 가지고 있었다.

고객사 투입 일자가 확정되어 프로젝트팀으로 출근하여 고객 프로젝트 매니저에게 인사를 하였다. 첫 만남부터 왠지 모르는 싸늘함과 어색함이 느껴졌다.

프로젝트 규모가 크다 보니 우리 회사측의 컨설턴트뿐만 아니라 외부 회계 법인의 컨설턴트들이 투입되어 공동 작업으로 진행이 되었다. 회계법인의 컨설턴트들은 우리 회사에서 투입된 멤버들에 비해 경험이 훨씬 풍부했고 고객사 팀원들과도 관계 구축을 더 잘하다 보니, 상대적으로 우리 멤버들이 약해 보일 뿐만 아니라 고객사 팀원들과 협조하에 결과물을 도출하는 데도 어려움을 겪었다.

　이런 상황에서 프로젝트 시작 후 한 달 만에 첫 번째 프로젝트 중간 점검을 가졌다. 점검 결과, 이런 식으로 계속 진행하다 보면 당초 생각하던 일정대로 맞추지 못하는 것은 물론이고, 프로젝트 진행 자체에 상당한 어려움이 예측되었다.

　우리 팀원들은 일단 현재 안고 있는 여러 가지 사안들과 문제점들을 좀 더 구체적으로 분석해보면 앞으로의 방향을 정할 수 있다고 판단했다. 그리고 일단 보고서를 작성해서 회사의 임원, 고객사와 논의하는 것이 좋겠다는 쪽으로 의견을 냈다. 하지만 나는 고객사 프로젝트 매니저가 팀장인 나를 신뢰하지 않은 모습으로 사사건건 토를 다는 상황인데다가, 현 상황을 다시 분석하고 보고서를 만드는데 시간을 허비하는 것은 합리적인 판단이 아니라는 생각이 들었다.

　상황의 시급성과 중요성을 고려할 경우 이것은 윗선에 먼저 이야기 해야 한다는 생각이 들었고, 나는 당시 한 번도 만난 적이 없었던 컨설팅 부문장(상무)님께 보고했다. 내가 누구인지, 현재 어느 프로젝트에 투입되어 있고 어떤 어려움에 직면하고 있는지, 우리 프로젝트를 이렇게 지원해주셨으면 좋겠다는 내용으로 직접 협조 요청을 드리는 메일을 보낸 것이다.

　메일을 받은 컨설팅 부문장님께서 미팅을 하자고 연락을 주셨다. 내가 도착해서 회의실에 들어가 보니 부문장님을 중심으로 부문의 주요 리더 7~8명이 나를 기다리고 있었다. 당시 차장이었던 나의 협조 요청 메일에 임원과 주요 리더들이 내 이야기를 진지하게 들어주었다는 것은 지금 생각해도 놀라운 일이다.

"현재 상황에서 우리 회사가 해야 할 역할과 책임이 무엇인가?"
"우리가 지금 고객의 요구에 대응하지 못하는 것이 무엇인가?"
"구체적으로 무엇을 도와주기를 바라는가?"

나는 이 질문들에 차근차근 대답했다. 특히 이 프로젝트의 중요성과 현재 인력 구성의 한계에 대해서 매우 솔직하게 말씀드렸다. 나의 솔직한 협조 요청이 받아들여져 파격적으로 컨설팅 부문에서 5명의 컨설턴트를 우리 프로젝트에 투입시키기로 결정하였다.

일반적 상황으로는 도저히 있을 수 없는 약속이었기에 결과를 들은 우리 팀원들도 무척 놀랐다. 고객 프로젝트 매니저에게 전문가 추가 투입 계획을 보고하자 그는 "고맙다. 당신 회사의 적극적인 지원에 감사한다. 이제 안심이 된다."라며 매우 만족해했으며, 그동안 우리 팀에게 가졌던 약간의 불안 요소도 한꺼번에 없애버리는 계기가 되었다.

이후에도 크고 작은 어려움이 있었지만 결과적으론 프로젝트를 성공적으로 마무리할 수 있었다. 적절한 해결책을 만들기 위한 리더의 결정과 행동이 얼마나 중요한지를 뼈저리게 느끼는 경험이었다.

시련 없는 성장은 없다. 대부분 일상적인 업무로 채워져 있지만 가끔 도전을 해야 하는 상황에 직면하게 된다. 그런 모험을 감수하는 과정에서 자신도 모르게 역량이 크게 성장하는 경우가 많다. 이럴 때는 무엇보다 자신이 처해 있는 상황에 대한 정확한 인식과 직관을 믿고 부딪쳐보는 수밖에 없다!

이 책을 읽고 있는 독자들도 "내가 그땐 참 용감했었지."라고 기억되는 사건이 있을 것이다. 그리고 그런 사건을 계기로 얼마나 많은 성장을 했는지 누구보다 본인이 더 잘 알 것이다.

터무니없는 도전을 결정하기로 유명한 고(故) 정주영 회장은 "해 봤어?"라는 말을 자주했다고 한다. 우리도 일단 해보는 것이 중요하다!

> **에피소드 3**
> **제대로 된 의사 결정을 위한 확실하고도 구체적인 현장 확인!**
>
> 어느 날 은행 창구에 멋진 백발에 깔끔한 정장 차림의 한 노신사가 나타났다. 노신사는 조용히 번호표를 뽑고 객장 의자에 앉아서 기다리다가 차례가 오자 가지고 온 1억 원으로 입출금통장을 개설하였다. 안에 앉아 있던 책임자는 깜짝 놀라 거액을 입금한 노신사를 안으로 모시고 차를 대접하면서 지점장님께도 소개를 했다. 그날 이후 노신사는 하루가 멀다 하고 은행을 방문하여 지점장실에서 차를 마시다 가곤 하였다.

그러던 어느 날 지점장님이 당좌 담당 책임자인 나를 불렀다. 지점장실로 가보니 백발의 그 노신사가 앉아 있었다. 지점장님은 나에게 "이 분이 당좌를 개설하려고 하니 상담을 잘 해드려."라고 말씀하셨다. 나는 공손한 태도로 당좌 개설과 관련한 상담을 해드렸다. 그런데 이상하게도 나는 노신사가 자꾸 마음에 걸렸다. 아마도 직관이 작용했던 것 같다.

이후 노신사는 당좌 개설 관련 서류를 너무도 완벽하게 준비해왔다. 규정상으로 보면 당좌 개설을 안 해줄 이유가 없는 상황이었다. 그러나 나는 노신사가 하는 사업이 교복제조업이고, 이미 다른 은행에서 당좌 거래를 하고 있었기 때문에 사업 규모상 굳이 당좌 개설이 더 필요할까라는 의문이 들었다. 게다가 왠지 서류가 너무 잘 맞추어져 있는 점이 이상해 보이기까지 했다. 그러나 당좌 개설을 거절할 명분이 전혀 없다. 그런 상태에서 지점장님이나 차장님이 당좌 개설을 자꾸 독촉하니 나로서는 그야말로 진퇴양난이 아닐 수 없었다.

하지만 당좌 개설이 잘 못되면 수표나 어음을 받은 제 3자가 엄청난 피해를 볼 수도 있기 때문에 나는 꼼꼼하게 여러 가지 검토를 진행했다.

나는 나름대로 당좌 개설을 제대로 하기 위해서 실사에 나섰다. 먼저 사업자등록증에 있는 사무실을 방문했다. 미리 연락하지 않고 불시에 찾아 갔는데 사무실 문은 잠겨 있었다. 사무실 앞에 서서 사무실로 전화를 했더니 핸드폰으로 연결되면서 여자 직원이 전화를 받았다. 여자 직원은 당황해 하면서 회장님께 전달하겠다고 말하며 전화를 끊었다. 그때 나는 뭔가 석연치 않다는 생각이 들었다.

　두 번째로 교복 판매 매장이라고 말한 곳을 가보았다. 역시 문이 잠겨 있었고 유리문 안으로 보이는 것은 교복이 몇 벌 걸려 있는 빈 매장이었다. 이런 현장 실사를 바탕으로 개설을 해줄 수 없는 이유를 준비했다.

　다음날 아침, 책임자 미팅에서 지점장님을 포함해 다른 책임자들과 마주 앉게 되었다. 며칠 째 당좌 개설에 대해 말씀하시던 지점장님은 그 날도 어김없이 말씀을 꺼내셨다.

　"안 대리, 당좌 개설을 왜 안 해주는 거지? 규정대로 하면 되는데 무슨 문제가 있다는 거야?"

　"지점장님, 저도 웬만하면 당좌 개설을 해주고 싶습니다. 그러나 당좌 개설이 잘 못되면 많은 사람들이 선의의 피해를 입을 수도 있기 때문에 신중해야 한다고 생각합니다. 제가 당좌 개설을 해줄 수 없는 몇 가지 이유가 있습니다. 혹시 제가 잘못 생각한 거라면 말씀해주세요. 죄송하지만 지점장님께서 당좌 개설을 꼭 해야만 하는 이유를 말씀해 주시면 따르도록 하겠습니다."

　그러고 나는 준비해온 이유들을 설명했다.

　결국 지점장님은 조건이 규정에 맞다는 것 이외에는 그 회사에게 당좌 개설을 꼭 해줘야만 하는 이유를 설명하지 못했다. 지점장님은 계속 못마땅해 하셨지만 내가 직접 노신사를 설득하여 서류를 돌려보냄으로써 당좌 개설 사건은 종료되었다.

> 그 당시 나는 초임 대리였기 때문에 지점장님이 "개뿔도 모르면서 건방지다."라는 말씀을 하셨던 것 같다. 그 일로 나는 지점장님께 완전히 찍혔다.
> 1개월 후 그 노신사는 우리지점 바로 옆에 있는 W 은행에서 당좌 개설을 했고, 그로부터 딱 5개월 후 부도를 내고 잠적했다는 소문을 듣게 되었다.
> 꼼꼼하게 현장을 확인하고 서류내용을 실사해서 사기꾼인 노신사에게 당좌 개설을 해주지 않음으로써 수십 명의 선의의 피해자가 발생되지 않도록 막은 것은 지금 생각해도 매우 자랑스럽고 용기 있는 행동이었다고 생각한다.

꼼꼼한 일 처리는 동료들이나 일의 처리의 속도를 우선으로 하는 상사에게는 더할 나위 없이 '답답한' 행동으로 보인다. 그러나 서로 다른 사람이 부족한 부분을 보완해줄 수 있는 것처럼 모험 지향적인 상사가 놓치는 것을 확실성 지향의 부하 직원이 알아차릴 수 있다.

이처럼 이번 사례는 답답해 보일 수는 있지만 본인의 업무 처리가 다른 고객들에게 끼칠 수 있는 영향까지 고려하는 세심함이 조직에 큰 손실을 막을 수 있었던 사례이다.

에피소드 4
조용한 직원의 반란

"이 팀장! 지금 이 회의 나한테 미리 보고하고 소집한 거야?"

회의를 시작하자마자 우리 부서 본부장인 케빈 상무님이 갑자기 두 손으로 책상을 '쾅' 치면서 매우 화가 난 목소리로 말했다. 그 순간 회의장에 함께 앉아 있던 부장님들과 팀장님들이 어쩔 줄 몰라 하면서 회의장 분위기는 순식간에 얼음이 되었다.

"죄송합니다. 워낙 긴급한 사안이라 오늘 처리하지 않으면 안 되겠기에 미처 보고드리지 못하고 회의를 소집했습니다."

그러자 케빈 상무님은 어이가 없다는 듯이 나를 쳐다보면서 "그러면 오늘 회의는 없던 걸로 합시다."라고 말씀하셨다.

그 순간 나는 시선을 어디에 둬야 할지 몰라 당황해 하면서도 여기서 회의가 중단되면 그동안 노력해온 동료직원들의 모든 수고가 물거품이 될 수도 있다는 생각에 전혀 당황하지 않은 얼굴로 본의 아니게 케빈 상무님의 눈을 똑바로 쳐다볼 수밖에 없었다.

"상무님, 그건 안 됩니다. 이 안건들은 오늘 결정하지 않으면 문제가 심각해집니다. 그래서 오늘 반드시 결론을 내야만 합니다."

내가 안 된다고 하자 회의실에 다시 한번 정적이 흘렀다. 어색한 분위기가 계속되자 우리의 대화를 난감한 표정으로 지켜보고 있던 리스크 담당 데이비드 상무님이 처음으로 입을 열었다.

"케빈 상무, 어차피 이렇게 모였으니 무슨 이야기를 하려는지 어디

한번 들어나봅시다."

　사실 오늘 회의는 모험을 감수하고 내가 단독으로 소집한 회의였다. 어느 기업이나 이해관계가 충돌하는 부서가 있다. 우리 회사에서는 사업부서와 리스크관리부서 간의 갈등이 있을 수밖에 없는 구조이었다. 그래서 우리 두 부서는 서로의 입장을 좀 더 이해하고 업무적 차이를 줄이기 위해서 한 달에 2번 비즈니스부서와 리스크부서의 정례회의를 개최하기로 합의했다. 그리고 긴급한 사안이 있을 때는 수시회의도 소집 가능하도록 했는데 오늘 회의가 바로 그 수시회의인 것이다.

　그런데 이번 안건들은 각 사업부 입장에서는 매우 민감한 사안들이었기 때문에 내가 이 안건 해결을 위해 회의를 소집한다고 하면 당연히 우리 부서에서조차 제지를 당할 것이 뻔했다. 그 당시 나의 직위가 팀장이었기 때문에 내 위에 3명(상무, 부장, 부부장)의 상사가 있었는데 그 분들을 설득하는 것이 쉽지 않다고 판단을 했던 것이다.

　그래서 내 나름대로의 모험을 하기로 마음먹었다. 누구에게도 이러한 사실을 말하지 않고 일단 회의에 참석하는 모든 멤버들에게 회의 소집을 요청하는 메일을 보냈다. 회의 소집 메일에는 당연히 회의 안건이 들어가야 하는데 나는 회의 안건을 일상적인 것으로 대체하고 실제로 논의를 해야 하는 안건들은 언급하지 않았다. 그렇게 해서 회의가 소집되었기 때문에 회의에 참석한 사람들 모두가 당연히 안건에 대해서는 알 수가 없는 상황이었다.

나는 실제로 논의가 필요한 안건 10가지를 하나씩 차례로 풀어놓기 시작했다. 회의실에는 모두 8명의 인원이 앉아 있었지만 안건에 대해 준비해온 사람은 나뿐이었기 때문에 어쩔 수 없이 나와 두 상무님만 대화에 참여할 수밖에 없는 상황이었다.

결국 나는 10개의 안건 중에서 9개를 통과시켰다. 스스로 생각해도 정말 대단한 일이었다. 1년여 동안 해결하지 못했던 것들을 단 2시간의 회의에서 모두 해결한 것이었다. 회의 중간에 상무님은 당장 결정을 내리기 곤란하거나 민감한 안건에 대해서는 "다음에 다시 이야기하자."라는 식으로 빠져나가려고 하는 경우도 있었다. 그럴 때마다 나는 "그럴 수 없는 성황입니다. 지금 이 자리에서 결론을 내지 않으면 회사의 수익이 날아가고 고객은 떠나가게 됩니다."라고 말하면서 바로 결정을 내리도록 유도했다.

나는 논리적이고 합리적으로 데이터에 근거해서 접근하면 통한다는 사실을 잘 알고 있었기 때문에 그러한 모험이 가능했고 또한 성공할 수 있었다고 생각한다.

'모험'이라는 배에 승선을 하려면 맨몸으로는 탈 수 없다. 물론 아무 준비 없이 여행을 떠나거나 자기 인생에서의 모험을 떠날 수도 있다. 하지만 회사의 수익과 직결된 업무를 하는 사람이 선택해야 하는 모험이라면 그런 모험에 대한 타당성 검토와 실질적인 수치의 분석을 바탕으로 의사 결정을 해야 한다.

위의 사례는 '확실성 지향'의 관점에서 자료와 논거를 준비하고

'모험 추구'의 방식으로 상사의 의사 결정을 끌어낸 가장 이상적인 업무 스타일의 사례이다.

업무 스타일의
특징

모험 지향적인 사람들은 덜 신중하며 새로운 프로젝트를 훨씬 빨리 진행하기 때문에 다음과 같은 특징을 보인다.

- 새로운 프로젝트를 훨씬 빨리 진행한다.
- 관계를 형성하고 배경 조사를 수행하는데 상대적으로 적은 시간을 보낸다.
- 효율성, 신속한 의사 결정 및 빠른 결과 달성을 중요시한다.
- 주도적이고 유연하며 기꺼이 빠른 변화를 추진하는 직원을 높이 평가한다.

확실성 지향인 사람들은 모험을 감수하려는 성향이 적기 때문에 다음과 같은 특징을 보인다.

- 관계를 형성하고 배경 연구를 수행하는데 더 많은 시간을 보낸다.
- 프로젝트를 시작하기 전에 적절한 프로세스를 구현하고 충분한 준비를 하는 것을 덜 중요하게 생각한다.
- 결정을 내리기 전에 토론 및 동의를 형성하는데 더 많은 시간을 보낸다.
- 빠르게 변화하는 능력을 별로 중요하게 여기지 않는다.

모험 지향 - 확실성 지향 업무 스타일 스위칭하기

■ 신뢰 구축

모험 지향적인 사람은….
- 상대방과 신뢰를 쌓기 위한 핵심은 더 많은 책임을 맡고, 새로운 프로젝트를 수용하고, 유연성을 보이는 태도라고 생각한다.
- 업무를 수행한다는 가정하에서 매우 신속하게 관계를 형성한다.
- 업무를 효율적으로 진행하기 위해 필요한 정보 외의 개인적인 생활을 아는 것은 중요하지 않다고 생각한다.
- 일반적으로 속도가 자세한 분석보다 중요하며, 잠재적인 모든 문제를 미리 예상하기보다는 '실행착오식' 접근 방법이 더 효율적이라고 생각한다.
- 철저하게 테스트하지 않았거나 새로운 접근 방법을 시도하는 것을 선호한다.

확실성 지향적인 사람은….
- 함께 일하는 사람의 조직에 대한 정보를 수집하고 과거 실적을 검토하는 것을 중요하게 생각할 가능성이 높다.
- 관계를 형성하는 과정에서 구조화되고 의례적인 정보 교환 과정이 필요하고 편안하다고 느낀다.
- 관계는 꾸준히 끈기 있게 발전시켜야 한다고 생각하며, 상대방에 대한 자세한 정보를 요구하는 것을 당연하게 생각하고 이들

의 요구를 충족해줄 때 신뢰를 형성할 수 있다.
- 일정이나 프로세스를 따르지 않고 너무 빠르게 진행하거나 지침을 너무 자주 바꾸면 신뢰가 깨질 수 있고 협력 관계도 위험하게 된다.
- 잠재적인 업무 파트너들은 다양한 비즈니스 및 사회적 맥락에서 서로를 알아가기를 원하며, 자신들의 실질적인 문제와 해결해야 할 과제는 천천히 공개한다.
- 편안함을 느낄 수 있는 비공식적인 상황을 만들어 당신의 배경에 대한 정보를 제공해야 한다.

■ 의사 결정

모험 지향적인 사람은….
- 의사 결정을 신속하게 내린다. 너무 많은 의사 결정, 분석 및 논쟁은 비효율적인 시간 낭비로 간주한다.
- 의사 결정에 대한 동의를 얻는 것도 중요하지만, 주요 이해 관계자와 전체 그룹의 의견을 얻는데 중점을 두며 동의 형성은 공정하고 신속하게 이루어진다.
- 긴 의사 결정 과정이 업무에 부정적인 영향을 끼친다고 생각하기 때문에, 의사 결정 과정이 길어지는 경우 관련 당사자의 성실성을 의심하게 될 수 있다.

확실성 지향적인 사람은….
- 의사 결정자는 조직 내에서 많은 상담, 긴 회의 및 체계적인 동의 형성을 통해 지지를 얻고자 한다.

- 확실성 지향의 고객에게 판매를 해야 하는 경우에는 일반적인 경우보다 자세한 정보의 반복적인 요청에 응답해야 하기 때문에 상당한 시간을 걸릴 수 있음을 감안해야 한다.

■ 회의

모험 지향적인 사람은….
- 효율성이 가장 중요하기 때문에 얼굴을 마주 보고 대화하거나, 전화로 말하거나, 음성 메일 메시지를 남길 때는 바로 본론으로 들어가야 한다. 시간을 절약하여 대화하는 것이 상대를 존중하는 것이다.
- 메일 메시지에서는 본론을 빠르게 설명하고 처음 몇 문장 안에 요구 사항을 전달해야 한다. 응답을 원하는 일정도 포함한다. 자세한 배경 및 맥락을 제공하는 것은 비효율적이라고 여겨질 수 있다. 긴 메일은 무시될 수도 있다.
- 회의 중에는 모든 참가자들이 질문에 즉시 대답하고 토론을 통해 빠르게 의사 결정에 도달하기를 바란다.
- 말을 하지 않거나 아이디어 공유를 꺼리면 그 일이나 팀에 기여할 것이 없는 사람이라고 인식할 수 있다.

확실성 지향적인 사람은….
- 회의는 사전 준비, 실제 진행, 마무리 3단계 정도의 프로세스를 가장 이상적으로 생각한다.
- 회의에서 새로운 아이디어를 낼 때는 관련 데이터 및 정보에 대

한 철저한 조사, 핵심 자료의 사전 배포, 주요 관계자와의 일대일 토론이 선행되어야 한다.
- 회의를 진행하기 위해 회의 형식을 구조화하여 원활하게 진행되도록 신중히 설정하는 것이 가장 좋다. 정확한 일정을 따르고, 회의 기본 규칙을 사용하고, 서기를 지정하는 것이 일반적이다.
- 회의 후에는 회의록을 공유하고 추가 의견 및 승인을 요청하는 것을 좋아한다.

■ 리더십

모험 지향적인 사람은….
- 모든 직원들이 주도적인 자세로 독립적으로 일하여 업무를 수행할 것을 기대한다.
- 부하 직원의 업무를 세세하게 통제하지 않는다. 직원들에게 스스로 의사 결정을 내리고, 업무의 결과도 책임지도록 한다.
- 부하 직원들에게 결과를 개선하기 위해 절차를 변경하는 유연성과 의지를 보일 것을 기대한다.
- 부하 직원들의 아이디어가 문제를 해결하는데 더 효과적이라면 본인과 의견이 다르더라도 문제없이 받아들인다.

확실성 지향적인 사람은….
- 확실성 지향적인 리더의 부하 직원들은 상사가 의사 결정을 내려주기를 기대한다. 이렇게 하면 직원들의 위험이 감소되고 업

무를 진행할 수 있는 구조화된 환경이 제공되기 때문이다.
• 확실성 지향적인 리더의 부하 직원들은 기존의 업무 과정에 따라 이를 완벽하게 수행하는 것을 가장 우선순위로 생각한다.

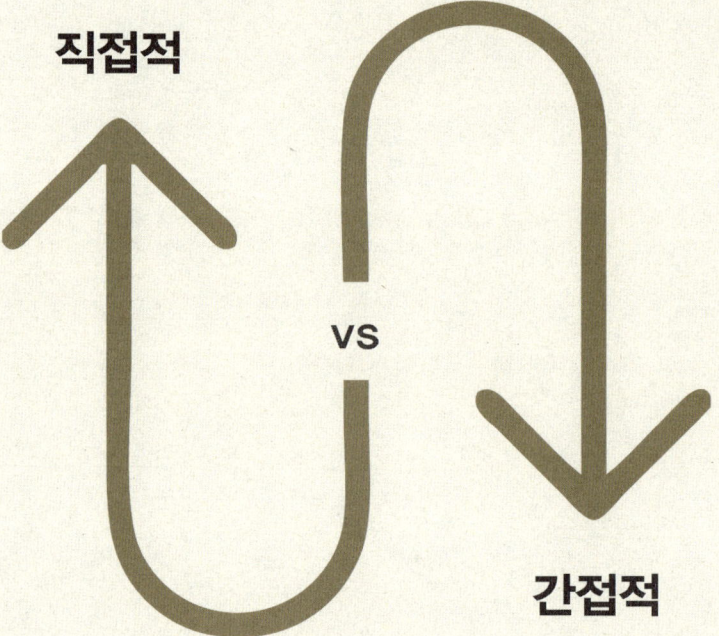

업무 상황에서의 커뮤니케이션 방법과 업무 스타일

의사소통에 있어서 의미 전달을 말이나 문자에 의존하는 부분이 큰 사회를 저맥락 문화라고 하고, 맥락과 상황과 같은 비언어적인 것을 통해 의미를 전달하는 사회를 고맥락 문화라고 한다. 고맥락 문화와 저맥락 문화는 이번에 설명할 커뮤니케이션 방식과 관련된 차원, 즉 직접적 vs 간접적 커뮤니케이션 방법과 연결되어 있다.

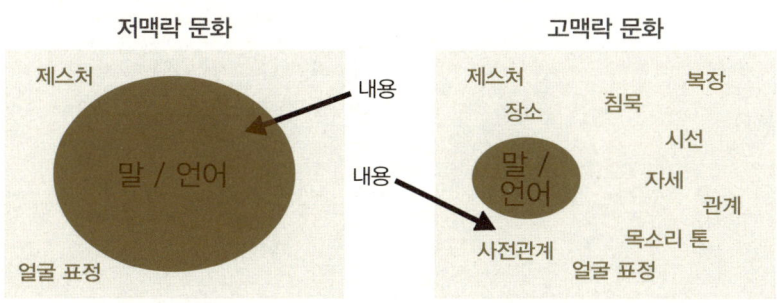

자료 출처: Edward T. Hall

의사소통에서의
정확성 책임

직접적인 커뮤니케이션 방법을 선호하는 사람은 메시지를 명확하게 전달해야 할 책임이 메시지를 전달하는 사람에게 있다고 생각한다. 그래서 메시지를 전달하는 사람은 내용을 최대한 정확하게 전달하기 위해 눈과 귀로 쉽게 파악할 수 있는 직접적인 말과 언어를 활용하게 된다. 이런 사람들에게 자세, 몸짓, 시선과 같은 비언어적인 것은 메시지의 정확성을 감소시키는 요인이 된다.

반면에 "개떡같이 말해도 찰떡같이 알아들어야 한다.", "아 하면 어 하고 알아들어야 한다."라는 속담에서도 알 수 있듯이, 간접적인 커뮤니케이션 방법을 선호하는 사람은 메시지를 정확하게 전달해야 하는 책임이 받는 사람에게 있다고 생각한다. 메시지를 받는 사람은 말과 언어뿐만 아니라 행간의 의미를 읽고 내용을 유추해야 메시지의 정확한 의미와 의도를 파악할 수 있게 된다.

의사소통 수단의
차이

직접적 vs 간접적, 2가지 커뮤니케이션 방법 중 어떤 스타일을 선호하는가에 따라 활용하는 의사소통 수단에도 차이가 있다. 우리는 회사에서 커뮤니케이션을 위해 전화, 메일, 화상회의, 미팅, 문서 보고서, 메신저, SNS 등의 다양한 수단을 활용하고 있다. 이 많은 옵션 중에서 상대방에 따라 혹은 나의 스타일에 따라 더 많이 그리고 자주 선택하는 의사소통 수단이 분명히 있다. 그리고 당신이 일하기 편하다고 느끼는 사람은 대부분 당신과 같은 의사소통 수단을 활용하고 있을 것이다.

직접적으로 소통하는 것을 선호하는 사람은 메일이나 보이스 메일만으로도 소통하고 협업해서 일하는데 큰 어려움이 없다. 직접적으로 커뮤니케이션을 하는 사람은 가상 커뮤니케이션 $^{Virtual\ Communication}$ 수단으로도 일할 수 있으며, 가상 커뮤니케이션에 대한 불편함을 느끼지 않는다. 서로 소통하는데 맥락(기존의 경험과 관계의 지속 등)이 별로 필요 없기 때문이다. 직접 만나지 않고도 충분히 신뢰 구축을 할 수 있으며, 실제로 이는 상당히 경제적이기도 하다.

간접적으로 커뮤니케이션을 하는 사람에게는 말로 드러나지 않은 것^{Unspoken}에 대한 디브리핑^{Debriefing}이 필요하다. 예를 들어 회의가 끝난 후에 카카오톡이나 메신저를 통해 회의에서 결정된 사항에 대해 다시 한번 해석하고 문의하는 것이다.

얼굴을 보지 않은 상태에서, 즉 어떤 사람인지 모르는 상태에서는 그 사람의 말이 진짜인지 가짜인지는 믿지 못한다. 만나보지 않고는 진정한 관계를 쌓을 수 없으며, 대화가 잘 되지 않는다고 생각한다. 그렇기 때문에 처음 일을 시작할 때 믿을 만한 사람인지 추천인 조사를 하는 것, 혹은 양측을 모두 알고 있는 제 3의 인물이 양자를 소개해주는 것이 처음 일을 시작하거나 안면을 틀 때 중요하게 작용한다. 두 사람 사이에 없었던 맥락을 양측이 모두 알고 신뢰하는 사람을 통해서 새롭게 만들어 가야 하기 때문이다.

간접적인 성향은 부정적인 피드백을 주는 것을 어려워하고 메시지를 전달하는데 예시를 많이 사용하고 좋아한다. 상대방이 어떤 스타일의 커뮤니케이션을 선호하는지 알고 있다면 다음과 같이 대응할 수 있다.

간접적인 사람과 일할 때	직접적인 사람과 일할 때
• 친밀한 관계를 쌓아라. • 의견이 다름을 어떻게 표출하는지 배워라. • 맥락에 집중해라. • 비언어적인 소통에 집중해라(눈빛, 목소리, 행동). • 개방적인 질문을 해라. • 일상생활에서 대화를 해라	• 명확한 답변을 주어라. • 고객 미팅 전후에 평가와 계획을 해라. • 목적과 기대를 맞춰라. • 팀 내부 미팅을 해라. • 미팅 방법과 규칙을 정해라.

업무 스타일
생각해보기

직접적인 스타일과 간접적인 스타일의 간단한 정의를 읽어보고 당신의 업무 스타일은 어디에 가까운지 표시해보자.

 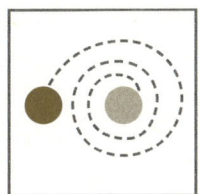

직접적						간접적

직접적	간접적
• 요점으로 바로 들어간다.	• 요점으로 들어가기 전에 맥락을 설명하는데 많은 시간을 투자한다.
• 단도직입적이고 솔직하게 질문한다.	
• 요청하기, 방향 설정하기, 다른 사람과 의견이 다른 것이 편하다.	• 공개된 상황에서 질문하는 것을 피한다.
• 부정적인 피드백을 직접적으로 준다.	• 반대를 모호하게 표현한다.
	• 부정적인 피드백을 간접적으로 준다.

업무 스타일별
상황 살펴보기

에피소드 1
나 혼자만의 착각

나는 8년간의 지점장 생활을 마치고 본부장으로 승진해서 강남 지역 본부 본부장으로 부임했다. 강남 지역 본부는 서울 강남에 위치한 압구정동, 테헤란로, 신사동, 청담동 등 28개의 점포를 관리하는 지역 본부로, 많은 직원들이 한번쯤은 꼭 근무해보고 싶어 하는 직원 근무지 선호도가 1위인 지역 본부이다.

지역본부장으로 부임해서 가장 중요한 첫 행사는 그해 처음으로 실시되는 지역 본부 관할 지점의 지점장 영업 전략회의이다. 이 회의는 본부장인 내가 관할 점포장 28명을 공식 석상에서 처음 만나게 되는 회의이다. 이 시점에 앞으로 이 지역 본부를 이끌어 갈 나의 경영철학을 확실하게 밝히면서 부진했던 업적 성과를 높여서 앞서 가는 지역 본부를 만들어 갈 수 있는 전략들에 대해서 논의하는 첫 번째 자리이기 때문이다.

우선 내가 강남 지역에 본부장으로 부임해 와서 가장 먼저 느꼈던 점은 이 지역의 영업 여건과 환경이 기존에 내가 지점장으로 있었던 지방이나 변두리 지역의 여러 열악한 점포들에 비하면 비교할 수 없을 만큼 좋다는 것이었다. 그렇기 때문에 지역본부장인 나와 소속 점포장들이 힘을 모아 지점들을 잘 경영해 나간다면 우리 지역 본부의 업적 결과는 다른 지역 본부에 비해 월등할 수 있을 것이라는 나름의 자신을 갖고 있었다.

그런 생각들을 바탕으로 첫 회의의 자료도 매우 세심하게 준비하도록 지시했다. 나의 경영철학을 어떤 이야기로 풀어 나갈 때 지점장들이 가장 잘 경청하며 그 전략들을 잘 이해하고 자발적이며 적극적인 자세로 움직여줄 수 있을까에 대해 심각하게 고민하고 준비했었다.

나중에 돌이켜 생각해보니 나는 그 첫 만남에서 본부장으로서의 권위와 주도적으로 이 지역 본부를 운영해 나갈 역량이 충분히 있음을 지점장들에게 보여주어야 한다는 약간의 강박감까지도 가지고 있었던 것이 아닌가 하는 생각이 들었다. 지점장에서 본부장으로 승진하고 부임한 후 처음으로 실시하는 영업 전략회의였기 때문에 준비도 많이 하고 신경도 많이 썼다.

어떻게 하면 회의를 부드럽게 이끌어 가면서도 강조하는 부분들을 주지시킬 수 있을까 고민하던 중에 나는 '부처님의 무재칠시(無財七施: 재물이 없어도 베풀 수 있는 7가지 보시)'를 예로 들어서 회의를 진행하기로 결정했다.

7가지 보시 중에서도 '심시(心施)'를 들어 '굳이 말 하지 않더라도 상대의 뜻을 먼저 읽어서 행하는 것이 남을 도울 수 있는 좋은 방법'이라는 부처님의 가르침을 말하면서, 지점장들은 본부장이 소소한 부분까지 일일이 말하고 챙기지 않더라도 자신들이 알아서 맡은 바 목표를 반드시 달성해 달라는 나의 속마음을 전했다.

회의를 끝내고 나서 만족스럽지는 않았으나 대체적으로 잘 끝냈다고 자평했다. 지점장들은 집중해서 내 이야기를 듣는 듯 했고, 적극적으로 회의에 참가하는 듯 한 분위기를 보였기 때문이었다.

그러나 그런 생각은 철저한 나만의 착각이었다. 회의를 마친 후에 개인적으로 친분이 있는 지점장들에게는 내가 직접, 그리고 나머지 지점장들에게는 지역 본부 팀장들을 시켜서 오늘 회의와 분위기가 어땠는지 물어보았다. 그런데 나의 예상과는 달리 지점장들은 의례적으로 매달 하는 정례적인 회의 정도로 받아 들였고 큰 감동이나 울림은 거의 없었던 것 같았다.

심지어는 내가 전달하려던 내용보다는 예로 든 '부처님의 7가지 보시' 때문에 처음 부임해 온 본부장이 불교신자임이 분명할 것이라는 등 새로 온 본부장의 종교가 무엇인지에 대해 지점장들끼리 설왕설래 했다는 후문까지 듣게 되었다.

지금 생각하면 쓴웃음만 나오는 가슴 아픈 사건이었다.

열심히 준비한 회의였지만 내가 의도한 대로 진행되지 않았던 경험은 누구나 있다. 이 에피소드의 주인공은 간접적인 커뮤니케이션 방법을 선호하기 때문에 회의를 진행할 때 비유를 들어 상대방의 이해를 돕고자 했다. 하지만 서로의 커뮤니케이션 스타일이 파악되지 않은 상태에서 본인의 스타일로만 커뮤니케이션을 진행할 경우에는 잘못된 오류를 만들 가능성이 많다.

나름대로 감성적인 회의를 진행하고자 준비했지만 이러한 커뮤니케이션 스타일을 처음 접했던 사람들에게 제대로 전달되기는 어려웠을 것이다. 좀 더 간략하고 직접적으로 회의를 진행했다면 회의의 목적이 왜곡되는 일은 없지 않았을까?

에피소드 2
너무 직설적이었을까?

나는 어떤 상황에서도 '솔직함'을 미덕으로 생각한다. 솔직한 자기 표현이 가장 효과적인 커뮤니케이션 방법이라고 생각하기 때문에 어떠한 상황에서도 직접적인 방법으로 질문을 하고 상대에 대한 질문들에도 가감 없이 직접적인 말을 날리는 편이다. 이러한 성향은 회사에서 일할 때도 마찬가지였다.

당시 리서치팀의 팀원들은 거의 1년 반 이상을 팀장과는 개별적으로 일을 하고 있었다. 그렇기 때문에 리서치에 대해서는 잘 모르는 컨설턴트 출신인 내가 팀장으로 온 것이 다소 어색하고 불편해 했었다. 이것저것 자신들의 입장을 대변해주고 이해해주기보다는 컨설턴트의 입장에서 자료 분석을 어떻게 하고 어떤 방식으로 전달이 되어야 하는지 사사건건 간섭하는 팀장이 좋을 리가 없었을 것 같다. 팀원들에게 가르쳐주고 싶었던 나의 의지와 상관없이 말이다.

그중에 유난히 조용하고 말이 없으면서 착한 팀원이 있었다. 열심히 일하는 성격이고 차분하기는 했지만 자료 분석 결과물에서는 분석

력도 부족해 보였고, 영어로 소통해야 하는데 영어 실력도 다른 팀원에 비해서 떨어져 보였다. 무엇보다 자신을 적극적으로 어필하지 못하는 성향이다 보니 기가 센 컨설턴트들과의 소통에서도 쉽게 상처받고 소극적인 모습을 자주 보였다.

나는 한 달에 1번 개별 면담을 하는 시간에 이제까지 내가 보았던 그 친구의 모습에 대해서 '솔직하게' 피드백을 해주기로 했다.

"열심히는 하고는 있는데 자료 분석에서 논리성도 약하고, 영어도 좀 부족한 것 같은데. 본인은 어떻게 생각해?"

나의 질문을 듣고 나를 황망하게 쳐다보던 그녀의 눈빛이 아직도 내 눈에 선하다.

"영어가 부족하면 기가 센 해외 컨설턴트들하고 소통하는 것이 큰 스트레스가 될 것 같아. 자신을 위해서도 다른 일을 찾아보는 게 좋지 않을까?"

그러자 갑자기 그녀의 눈에서 눈물이 뚝뚝 떨어졌다.

"아니… 울리려고 한 말이 아니라 지난 한 달 동안 관찰해보니까 일도 너무 힘들어 하는 것 같고…. 원래 일이라는 것이 자기가 잘하고 즐기면서 해야 하는데, 내 생각에는 이 일이 자기와 잘 맞지 않아서 너무 힘든 게 아닐까 걱정해서 하는 말이야."

그 당시 나는 '난 솔직하게 이야기하는데 왜 이런 반응을 보이지,

솔직하게 이야기해줘야지 자신도 다른 대안을 생각해볼 수 있는 것 아닌가'라고 생각했었다. 물론 몇 년이 지나 다양한 사람들의 성향에 대해서 공부하면서 내가 얼마나 큰 실수를 했는지 알게 되었지만. 결국 그녀는 면담 중간에 울면서 회의실을 뛰쳐나갔고 졸지에 나는 멀쩡한 팀원을 울리는 파렴치한 팀장이 되어버렸다.

그러나 그녀는 내가 생각했던 것보다 훨씬 강했다. 이후 회사를 그만둔 것이 아니라 다른 팀원들보다 더 늦게까지 일하고 더 많이 일하면서 실력을 키워나갔다. 몇 년 뒤 나는 퇴사를 했지만, 그녀는 계속 다녀 인정받는 연구원이 되었다.

내가 얼마나 다른 사람의 감정에 대해서는 무심하고, '솔직함'을 가장하여 내 관점으로 판단하고 내 이야기만 했는지 알 수 있는 사건이었다.

직접적으로 말하는 사람들은 하고 싶은 말을 다 한 후에 "나는 그래도 뒤끝은 없다."라고 자족한다. 이 에피소드는 본인의 판단이나 생각을 가지고 '솔직함' 혹은 '허심탄회'하게 이야기를 한다는 것이 상대에게는 얼마나 배려 없는 행동인지 보여주는 사례이다.

어떻게 하면 부정적인 피드백을 현명하게 전달할 수 있었을까? 이를 위해서 필요한 몇 가지 전제 사항이 있다. 상대와 신뢰 구축이 먼저 되어야 한다는 점과 상대가 납득할 만한 상황과 사실 2가지가 갖춰진 상태에서 이야기해야 한다.

에피소드 3
직접적 소통을 했어야만 했다!

'소통'이란 단어를 인터넷에서 검색해 보면 '생각이나 뜻이 상대방과 서로 통하는 것'이라고 나온다. 그런데 우리는 일방적으로 자신의 생각을 상대방에게 주입시키려고 하면서 자신의 생각이 상대방과 통했다고 착각하는 경우가 많은 것 같다. 나의 경우에도 그런 착각 때문에 상사를 오해해서 오랫동안 그에게 불편한 감정을 가지고 있었던 적이 있었다.

본점 부서에서 근무하고 있던 어느 날, PB사업부에서 1기 PB를 모집한다는 문서가 공지되었다. 나는 가슴이 쿵쾅거렸다. 내가 은행에서 정말 하고 싶었던 직무가 PB이었기 때문이다. 그해 봄부터 10월경에 PB를 공모한다는 소문이 돌았기 때문에 나는 어느 정도 PB가 되기 위한 준비를 하고 있었다. 그런데 PB를 공모하기 약 한 달 전인 9월에 갑자기 본부 부서로 인사이동이 난 것이었다. 이동이 된지 한 달 만에 부서를 떠난다는 것은 쉽지 않은 상황이었다. 그래서 나는 PB 공모 문서가 게시되자마자 혼자서 많은 고민을 해야만 했다.
결국 부장님과 동료들에게 미안한 마음을 뒤로 하고 용기를 내서 PB를 지원하였다. PB로 선발되더라도 즉시 배치되는 것이 아니라 상황에 따라 1년 동안 순차적으로 배치한다는 조건 때문에 작은 기대도 하였다. 내가 PB가 되더라고 당분간은 부서에 남아 상품 개발을 완료할 수 있을 것이라는 생각이 들었기 때문이다.

그런데 갑자기 곤란한 상황이 벌어지게 되었다. 1기 PB로 합격이 된 것까지는 좋았지만, PB사업부로부터 나를 가장 먼저 배치하겠다는 연락이 왔던 것이다. 사실 나는 그때까지 PB 지원 사실을 부장님께 미처 말씀 드리지 못한 상황이었다. 미리 말씀을 드리면 사전에 차단할 것이 분명했기 때문에 상사에 대한 예의가 아닌 줄 알면서도 일단 먼저 지원을 했던 것이다.

아니나 다를까 PB사업부장으로부터 연락을 받은 우리 부장님이 당장 나를 호출하셨다. 부장실에 들어서자 부장님은 평소와 달리 매우 언짢은 표정을 하고 계셨는데 화가 많이 나신 것 같았다. 그럼에도 불구하고 나를 계속 부서에 남게 하고 싶은 마음에 화를 참으면서 직접적인 표현은 안 하시고 계속 말을 빙빙 돌리기만 하셨다. 나는 부장님이 무슨 말씀을 하시고자 하는지 충분히 이해할 수 있었기 때문에 가능하면 나의 의도를 설명하고 싶었다.

"부장님, 무슨 말씀을 하시려고 하는지 알고 있습니다. 그러나 저는 이곳에 오기 전부터 PB 지원을 준비하고 있었습니다. 그리고 이 부서 업무가 처음인 저보다 경험이 있는 직원이 오는 것이 이 부서에 더 큰 도움이 될 수도 있을 것 같습니다."

내가 변명처럼 이야기를 하자 부장님은 "내가 한 달 동안 지켜봤고 다른 사람에게 이야기도 들어봤는데 자네는 우리 부서에 적임자야. PB는 언제라도 마음먹으면 할 수 있는 직무지만 상품을 개발할 수 있는 기회는 영원히 없을 수도 있어. 내가 선배로서 이야기하는데 자네 경력을 위해서라도 먼저 상품 개발을 경험해보고 PB로 나가는 것이 현명한 거야! 그러니 PB는 천천히 나가는 것으로 하자."라고 말씀하셨다.

이 말을 듣고 나니 나도 마음이 흔들렸다.

"아… 네, 알겠습니다. 그럼 일단 지금 진행하고 있는 상품 개발을 끝내고 나서 PB는 조금 늦게 나가는 것으로 하겠습니다."라고 말씀드렸다.

나는 담당하고 있는 신상품 개발만 끝내고 곧 바로 PB로 나가겠다는 생각으로 그렇게 말씀드린 것이었다. 그런데 그 다음날 공개된 PB 합격자 명단에 내 이름이 빠져 있었다. 부장님은 나의 말을 오해하고 PB사업부장에게 전화를 해서 내가 PB를 안 한다고 했으니까 합격자 명단에서 빼라고 말씀하셨다는 것이었다. 결국 나는 그 이후 4년간 계속 그 부서에 남아 일해야만 했다.

물론 그 부서에서 일한 4년이란 시간은 나의 역량을 한층 성장시켜준 귀한 시간이었다. 그 부서에 근무했던 덕분에 말단 팀장이었음에도 불구하고 은행의 전략이나 정책을 접할 수 있는 기회가 있었고, 시각을 넓게 가질 수 있는 훈련도 되었다. 또한 한 번 만나는 것도 쉽지 않은 행장님이나 은행의 주요 임원들과 가깝게 지낼 수 있게 된 것도 나에게는 대단한 행운이고 영광이었다. 4년 동안 상품 개발, 마케팅, 홍보, 직원 연수 등 다양한 경험이 내가 은행에서 성장하는데 발판이 된 것은 말할 나위도 없다.

그러나 지금 생각해 보면 그때 부장님과 대화를 할 때 좀 더 나의 생각을 명확하게 말씀드릴 걸 그랬나 하고 후회스러울 때가 있다. 그러나 지금은 '부장님은 초록색이라고 말했는데, 내가 파란색이라고 받아들인 건 아닐까?'라는 생각이 들기도 한다. 그 당시에 나는 부장님이 본인과 부서의 입장만 생각하고 부하 직원의 앞날은 전혀 배려하지 않은 것이라고 생각해서 한동안 매우 섭섭한 마음을 가졌었기 때문이다.

그로부터 4년 후, 나는 다시 PB에 도전하여 4기 PB로 배치를 받아 기어코 원하던 PB 직무를 수행하게 되었다.

사람들은 타인과 소통할 때 자신이 듣고 싶은 것만 듣는다고 한다. 이런 상황에서 자신의 의지가 명확하고 원하는 것이 확실하다면 자신이 원하는 것에 대해 분명하게 강조해서 이야기해야 한다. 앞의 대화에서 보면 "아, 네… 알겠습니다."라고 대답한 것을 상대는 자신의 의견에 동의한다는 뜻으로 선택적으로 듣고 그 뒤에 따라오는 메시지를 정확하게 듣지 않았다. 또한 화자도 실제 자신의 의견을 이야기하는 부분에서 상대를 배려하는 마음에 자신의 의견을 강하게 이야기하지는 못했다. 본인은 의사 표명을 해야겠다는 생각으로 나름대로 이야기했지만 상대는 이미 자신이 듣고 싶은 이야기를 접수한 상태였기 때문에 나머지 이야기를 제대로 듣지 못하고 오류가 발생한 것이다.

에피소드 4
어련히 알아서 하겠거니…

항상 달콤한 성공만 있었던 것은 아니다. 지나고 나니 후회도 되고 아쉬웠던 결정도 많이 있었다. 특히 내가 지점장으로 있었을 때 명확하게 커뮤니케이션을 하지 못해서 결국 부실여신을 만들게 된 사례가 가장 기억에 남는다.

내가 지점장으로 처음 맡았던 지점은 전통적으로 영업 환경이 어려운데다가 바로 지점 앞에서 지하철 공사가 진행되고 있어 차량으로는 점포 접근이 매우 어려웠다. 당연히 우리 지점에서 거래를 하는 고객 수는 급격하게 줄기 시작했다.

일단 영업 실적을 올리는 일이 급선무였다. 그중에서도 그해 유독 목표가 많았던 여신 목표를 달성하는 것이 전체 성과 목표를 달성하는데 영향을 가장 많이 미칠 수 있는 변수였다. 하지만 지점장이었던 내가 행원이나 책임자 시절에 여신 업무를 직접 담당했던 경험이 없어서 잘 알지 못 했고, 그러다 보니 전문가인 팀원들이 어련히 알아서 할 것이라고 생각할 수밖에 없었다. 그나마 신입사원 때부터 여신 업무를 계속 맡아 해온 베테랑 직원인 최 과장이 있어 다행이었다. 그 직원은 자신이 얼마나 여신 업무에 능통한지, 그동안 얼마나 많은 실적을 달성했는지를 기회가 있을 때마다 지점장인 나에게 자신 있는 말투와 행동으로 부각시켰다. 그러다 보니 알아서 잘 할 것이라는 믿음을 가지게 되었다.

하루는 최 과장이 깐 마늘과 마늘을 찧어서 판매하는 회사에 대출을 해주자고 제안했고, 여신 취급을 위한 검토에 들어갔다. 지점장인 나의 입장으로는 사실 그 회사의 재무 상황이나 대표자, 사업성 등에 대해 잘 알지 못했고, 그 회사가 규모에 비해서 대출금액이 큰 편이라는 생각이 들었다. 기존에는 마늘을 일일이 손으로 직접 까서 찧은 마늘을 생산했으나 이 회사는 마늘을 까는 기계를 개발해서 특허를 신청해 대량 생산이 가능하기 때문에 큰 수익을 낼 수 있는 업체라고 계속해서 나를 설득시켰다. 그러나 나는 의구심이 들었기 때문에 이를 나름대로 과장에게 이야기했다.

"최 과장, 맞는 거겠지? 최 과장이 전문가니까 어련히 알아서 하겠지만. 왠지… 좀… (리스크가 있을 수도 있다는) 그런 생각이 드는데…."

"걱정 마십시오, 지점장님! 제가 잘 분석했으니 대출 건은 진행해도 됩니다."

"그래도… 나는… 좀 더 확인을 해보고 싶은데…."

뭔가 석연치 않아 몇 가지 더 질문하려 했지만 자신 있어 하는 담당과장에게 여신 취급 경험이 적었던 지점장이 반대 의견을 제시한다면 앞으로의 업무 추진을 위축시킬 수 있을지도 모른다는 생각에 좀 더 강력하게 의견을 피력하지 못한 채 '승인'을 할 수밖에 없었다.

결과적으로 그 회사는 대출이 나간 지 채 몇 개월이 되지 않아서 부도가 났고 당연히 우리 지점에서 취급한 여신은 부실 여신이 되고 말

> 았다. 그 책임으로 지점장인 나는 여신 업무의 부적절한 처리로 '주의' 조치를 받았고, 그 이후로도 상당히 오랜 기간 나를 따라다녔다.

조직의 장이라 하더라고 모든 것에 전문가일 수는 없다. 그래서 자신이 잘 알지 못하는 업무 부분에 대해서는 부하 직원에게 맡길 수밖에 없는 상황인 경우가 많다. 하지만 확실하게 권한 위임을 하되 담당자가 합리적인 의사 결정을 할 수 있도록 핵심적인 부분에 대해서는 확인하고 질문하는 것이 중요하다. 믿고 맡기되 피드백을 통해서 담당자와 커뮤니케이션을 하고 상사가 도와주는 역할을 한다는 것이 결코 쉬운 일은 아니다.

위계적인 상황뿐만 아니라 업무 지시 등에 대해서도 상대가 나보다 전문가라는 생각이 들면 자신의 의구심을 드러내어놓고 직접적으로 질문하기가 쉽지 않는 경우도 많다.

이 사례는 조직의 리더가 자신이 잘 모르는 분야라도 담당 전문가가 현실을 직시하고 사안을 간과하지 않도록 구체적이며 직접적인 피드백을 어느 정도 해줄 수 있는가에 따라 조직의 성패는 크게 달라질 수 있음을 배운 값지면서도 쓰라린 경험인 셈이다.

업무 스타일의
특징

직접적인 사람들은 소통 방법이 직선적이기 때문에 다음과 같은 특징을 보인다.

- 다른 사람에게 질문, 비판 또는 피드백을 할 때 더 솔직하고 직선적이다.
- 반대를 표현할 때 돌려서 말하지 않는다.
- 회의에서 문제를 토론하려는 경향이 있다.

간접적인 사람들은 소통 방법이 덜 직접적이고 더 모호하기 때문에 다음과 같은 특징을 보인다.

- 회의에서, 특히 상사가 참석한 회의에서는 부하 직원이 질문을 적게 하거나 직접적인 피드백을 제공하지 않으려고 한다.
- 반대를 표명할 때는 좀 더 미묘한 태도를 취한다.
- 공개적이고 공식적인 상황에서는 중요한 문제를 논의하지 않으려고 한다.
- 내용에 따라서는 말하지 않는 것을 선호한다.

직접 - 간접
업무 스타일
스위칭하기

■ 정보 획득

직접적인 사람은···.
- 직접적인 사람에게는 알고 싶은 게 무엇인지와 그 이유를 명확히 전달하는 것이 중요하다.
- 간접적인 암시는 잘 알아차리지 못하며, 당신이 요청한 것보다 더 많은 정보를 제공하는 경우가 거의 없으므로 구체적이고 명시적으로 말해야 한다.
- 당신이 왜 그 정보를 필요로 하는지 그리고 그 정보로 무엇을 할지 명확하게 밝혀주기를 원한다.
- 직접적인 사람에게는 정보가 필요한 이유를 감정이 아닌 비즈니스 결과나 최종 결과와 연관시켜 설명해야 그들에게서 정보를 획득할 수 있다.

간접적인 사람은···.
- 간접적인 사람에게서 중요한 또는 민감한 정보를 얻으려고 할 때는 직접적으로 요청하는 것보다 적절한 제 3자를 통해 알아보는 것이 효과적이다.
- 간접적인 사람에게 직접적인 질문(예: "왜요?", "그게 무슨 의미죠?")을 제시하는 사람은 말을 끊거나 참을성이 없는 것으로 인식될 수 있다.

- 간접적인 사람에게는 핵심 문구를 반복하여 말하고, 상대를 격려하는 비언어적 단서를 활용하여 추가 정보를 끌어내는 것이 효과적이다.
- 간접적인 사람에게는 환경을 바꾸고 비공식적인 커뮤니케이션 채널을 활용하면, 공식적인 상황에서보다 자유롭게 말하지 못했던 정보를 공식적인 상황에서보다 효과적으로 얻을 수 있다.

■ 회의

직접적인 사람은….
- 회의에서 논쟁하는 역량을 매우 중요하게 생각한다.
- 회의는 아이디어를 '제공하는' 과정의 일부로 생각하기 때문에 아이디어의 약점을 조사하기 위한 의도적인 반대와 질문을 하는 경향이 있다. 따라서 그들과 회의를 할 때는 질문과 반대를 예상하고, 대답과 그 근거가 되는 데이터를 준비해야 한다. 직접적인 사람과 회의를 할 때는 먼저 내용을 명확히 하고, 질문을 하거나, 의견을 표현하는 것이 중요하다.
- 직접적인 사람과 회의할 때, 나중에 의견을 명확히 할 기회를 갖거나 의견을 밝힐 수 있기를 기대하면서 기다리면 너무 늦을 수 있다. 의견을 밝힐 기회를 놓칠 뿐 아니라 결과에 영향을 미쳤을 중요한 의견을 갖고 있었다는 것이 드러나면 오히려 부정적인 평가를 받게 될 수 있다.

간접적인 사람은….
- 간접적인 사람과의 회의에서 특별한 반대 의견이 없었다고 할

지라도 이를 참석한 모든 사람들의 실질적인 동의로 가정하면 안 된다.
- 간접적인 사람과의 회의에서는 구체적인 합의에 도달하지 않고서 내려진 의사 결정은 대부분 실행되지 않는다.

■ 피드백

직접적인 사람은….
- 직접적인 사람에게 피드백을 줄 때는 대면을 회피하지 않고, 건설적이고 객관적인 방법으로 문제를 적극적으로 제기해야 한다.
- 직접적인 사람에게 개선할 부분에 대한 피드백을 제공할 때는 대상자가 개선해야 하는 영역과 그 사람의 강점을 명확하게 분리해야 한다. 그리고 개선할 영역을 해결하기 위한 구체적인 목표와 실행 계획을 제시해야 한다.
- 직접적인 사람에게 피드백을 줄 때는 '돌려 말하기'를 피하고 바로 요점에 들어가는 것이 좋다.

간접적인 사람은….
- 간접적인 사람에게는 차이점을 직접 얘기하지 말고, 보다 간접적인(예: 비언어적인 또는 암시적인) 피드백, 정기적으로 또는 시간을 두고 여러 상황에서 단계별로 제공되는 피드백, 다양한 장소에서 제공되는 피드백 방법을 선택하는 것이 좋다.
- 실질적인 피드백 대상이 특정한 개인이나 소수의 개인들이더라도 그룹을 대상으로 피드백을 제공하는 등 다양한 방법을 고

려해야 한다.

■ 협상

직접적인 사람은….
- 문제 상황 및 안건을 개별로 분리해서 협상하고 해결한다.
- 종결되었다고 간주되는 협상으로 다시 돌아가 말을 꺼내는 것은 매우 이례적인 것이며, 상당히 부정적인 이미지를 줄 수 있다.

간접적인 사람은….
- 이미 종결되었다고 생각한 주제로 돌아가서 문제를 제기하는 등 후속 논의에서 문제를 다시 고려하기 위하여 협상할 수 있음을 예상해야 하며, 이를 신용할 수 없거나 교묘한 조작이라고 해석해서는 안 된다.
- 간접적인 사람과 협상할 때는 바로 "아니요."라고 말하지 않도록 한다.
- 간접적인 사람의 요청을 실행하는 것이 불가능한 경우라도 요청의 중요성을 인정하고 돕고 싶다는 의사를 보여야 한다. 부정적인 대답이더라도 긍정적인 방식으로 표현하여 앞으로도 계속 관계를 유지하고 싶다는 바람을 전달하는 것이 좋다.
- 긍정적으로 보이는 응답을 해석할 때도 동의나 약속의 표시가 아니라 단순한 감사의 표시일 수 있다는 것을 염두에 두어야 한다.

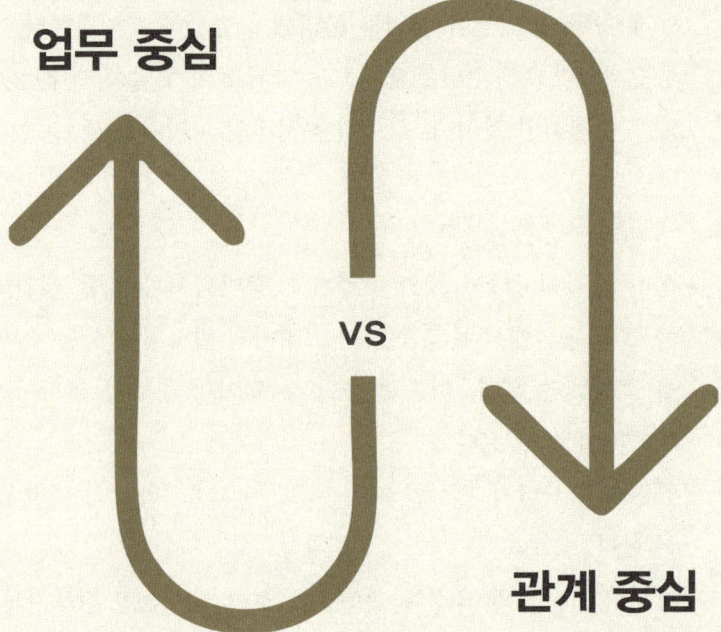

새로운 일을 하게 되었을 때,
업무와 관계 중의
우선순위와 업무 스타일

오늘 고객과의 첫 미팅을 한다고 생각해보자. 당신은 다음의 A와 B 중에 어떤 스타일인가?

(A) 만나서 간단하게 자기소개를 주고받으면서 명함을 교환한다. 그리고 미팅 목적을 공유하고 바로 회의를 진행한다. 회의를 진행할 때 최대한 불필요한 내용을 제외하고자 노력한다. 정해진 미팅 시간을 엄수하는 것을 중요하게 생각하며, 중간중간 시간을 확인하면서 관리한다.

(B) 만나서 본인의 이름, 배경, 직무, 이 미팅을 어떻게 진행하게 되었는지에 대한 이야기 등 자신의 정보를 상대방에게 최대한 많이 주고자 한다. 명함을 교환하는 것보다는 상대방의 이야기를 듣기 원한다. 부드럽게 분위기를 풀어주고 공감대를 형성할 수 있는 이야기를 한다. 여러 가지 미팅 목적이 있지만,

오늘 목적은 고객과 첫인사를 하고 신뢰를 만드는 것이기 때문에 그것이 달성되면 미팅을 마무리해도 괜찮다고 생각한다.

A는 본인을 소개하는 등 관계 구축을 하는 행동에 매우 짧은 시간을 투자한다. 대부분의 시간을 본론을 이야기하는데 사용하며, 시간 관리를 해야 하기 때문에 가능한 예정 시간 내 미팅을 종료한다. B의 경우 실질적인 미팅 목적 해결을 서둘러서 해야 하거나, 다음 다른 일정으로 인해 종결을 해야 하면 미팅을 다시 잡아야 하는 경우도 있다.

관계 중심적인 사람은 관계, 사람이 중심이기 때문에 여러 번의 만남을 통해 상대방을 알아야 일이 잘 진행될 수 있다고 생각한다. 업무의 성공과 실패 여부는 일을 함께하는 사람들과 신뢰를 얼마만큼 잘 구축했는가에 따라 결정된다고 보는 것이다. 따라서 관계 중심적인 사람에게 업무 중심인 사람이 미팅에서 보여주는 행동은 무례하거나 자신을 무시한다는 느낌을 줄 수 있는 반면, 업무 중심적인 사람의 눈에는 관계 중심적인 사람의 행동이 일에 집중하지 않고 시간만 낭비하는 것으로 보일 수 있다.

관계의
목적과 의미 차이

　업무 중심과 관계 중심 스타일의 행동 차이는 관계의 의미를 다르게 정의하기 때문에 발생한다. 업무 중심인 사람들에게 관계의 목적은 업무를 하기 위한 수단이다. 단기적인 관점에서 관계를 바라보며, 업무를 해결하기 위한 쌍방 거래로 정의한다. 관계 형태는 일대일로 시작되고 종결된다. 업무라는 목적이 없으면 관계를 연결할 필요가 없다고 생각하기 때문에 이 스타일의 사람들은 업무가 끝나면 관계도 끝나게 되는 경우가 많다.

　반면 관계 중심인 사람에게는 관계 그 자체가 목적이다. 장기적인 관점에서 한 사람과의 관계는 더 많은 관계를 연결하기 위한 수단이다. 업무가 끝난다고 해서 관계가 끝나는 것이 아니며, 계속해서 이어지기 때문에 초기 단계부터 관계에 더 많은 시간을 투자하는 것이 필요하다고 생각한다.

업무를 우선적으로
생각하는 것이
효율적일까?

흔히 사람들은 불필요한 낭비를 줄이고 빠르게 업무를 처리하기 위해서 관계보다는 업무를 우선순위에 두어야 한다고 생각한다. 그러나 이러한 업무 스타일이 실제 업무 상황에서 무조건 효과적일까? 아래 사례를 한번 살펴보자.

영업 실적 보고서에 반드시 넣어야 할 데이터가 필요해서 재무팀장을 만나러 가던 최 대리는 복도에서 마침 다른 사람과 이야기를 하고 있는 재무팀장을 보게 되었다. 데이터를 받아야 했기 때문에 최 대리는 두 사람이 이야기하는 중간에 끼어들어 이야기했다.
"김 팀장님, 월말 보고서에 들어갈 회사 전체 마케팅 예산에 대한 숫자가 필요한데요, 바로 받을 수 있을까요?"
최 대리가 말을 끝내자마자 김 팀장은 방금 전까지 대화를 나누던 사람을 소개해주려고 했다.
"최 대리, 여기 마케팅팀 김 대리야. 인사해."
"안녕하세요. 그럼 팀장님, 데이터는 제가 차 과장님께 지금 말씀드리고 받아 가면 되지요? 그럼 두 분 이야기 나누세요!"하고 말하며 최 대리는 바로 차 과장에게로 갔다.
그런데 알고 보니 그 자료는 김 팀장이 아닌 김 팀장과 함께 대화를 하고 있던 마케팅부서의 김 대리가 가지고 있었다.

최 대리는 김 팀장이 김 대리를 소개시켜주었을 때 좀 더 인사를 나누고 좋은 관계를 맺었다면 그 자리에서 바로 자료를 받을 수 있었을 것이다. 본인의 일에만 우선순위를 두었기 때문에 첫 만남에서 자신이 필요한 이야기만 하고 돌아선 최 대리. 그 마케팅 담당자에게 좋은 인상을 남기지는 못했을 것이고, 앞으로 일을 부탁하게 되어도 쉽게 처리되긴 힘들 것이다.

　이러한 상황에서 보면 업무 중심적인 사람이 효율적으로 일하기 위해 선택하는 행동들이 실제로 효율적이지 못한 경우도 많다. 회사에서는 팀으로 일하기 때문에 관계에 노력을 투자하는 것이 문제를 더 빠르게 해결하는 방법이 되기도 한다.

업무 스타일
생각해보기

업무 중심 스타일과 관계 중심 스타일의 간단한 정의를 읽어보고 당신의 업무 스타일은 어디에 가까운지 표시해보자.

업무 중심							관계 중심

업무 중심	관계 중심
• 목표와 목적을 일정에 따라 달성하는 것에 높은 가치를 둔다. • 관계를 유지하는 것보다 업무를 달성하는 것을 우선순위로 한다. • 사람들을 아는 것보다 그들이 성취하는 것에 더 집중한다.	• 관계를 구축하는 것을 좋은 성과를 달성하는 중요한 방법으로 생각한다. • 업무를 시간에 맞게 달성하는 것보다 관계를 유지하는 것을 우선순위로 한다. • 사람들이 성취하는 것만큼 그들을 아는 것에 집중한다.

업무 스타일별
상황 살펴보기

에피소드 1
해도 해도 너무해

"이 팀장, 앞으로 힘들어서 어떡하니? 하필이면 김 부장이 그 부서로 발령이 나다니, 정말 운도 없네. 그래도 어쩌겠어? 힘들어도 잘 참고 견디도록 해봐."

어느 날, 예전에 함께 근무했던 동료가 전화를 걸어 나를 위로하면서 한 말이었다.

우리 부서의 부장님이 다른 곳으로 이동이 나시고 새로운 부장님이 우리 부서로 발령이 났을 때, 며칠 동안 여기저기에서 팀원들을 위로하는 전화가 빗발치듯이 걸려왔다. 새로 부임하는 김 부장님은 웬만한 직원들은 다 아는 분인지라 나도 당연히 그 분의 명성(?)은 익히 들어서 알고 있었다.

그러나 탁월한 기획력과 추진력, 그리고 조직에 대한 애정 또한 매우 크다는 이야기도 있었기에 리더로서는 괜찮을 것이라 생각했다. 또 나는 그동안 악명(?) 높은 상사들을 여러 명 모셔본 경험이 있던 터라 내 역할만 잘하면 어떤 상사가 오더라도 문제 될 것이 없다는 생각을 가지고 있었기 때문에 선배나 후배들의 우려와 염려에도 별로 개의치 않고 있었다.

그런데 김 부장님과 함께 일한 지 한 달 정도 되었을 때 사람들이 왜 김 부장님에 대해 그런 이야기를 했는지 알 수가 있었다. 직원들이 김 부장님을 싫어하는 가장 큰 이유는 출퇴근 시간이 없다는 것이었다. 출근은 빨랐고, 퇴근은 늦었다. 가끔 일찍 나가야 하는 상황이 발생하면 퇴근을 하면서도 팀원들에게 늦게까지 해야 할 업무를 지시를 하고 나가는 것은 기본이었고, 밤 9시에 전화를 해서 또 다시 새로운 업무를 지시하는 경우도 있었다. 심지어는 퇴근했다가 밤 11시경에 다시 들어와서 일을 시작하는 경우도 비일비재했다. 상사가 그렇다 보니 그 밑의 팀원들은 사생활을 모두 포기해야만 했다. 팀원들은 김 부장님보다 더 일찍 출근해야 했고 김 부장님이 퇴근하기 전에는 거의 퇴근이 불가능했기 때문에 그야말로 잠자는 시간을 빼고는 대부분의 시간을 일에 파묻혀 지낼 수밖에 없었던 것이다.

"부장님, 저 먼저 퇴근하겠습니다."라고 말하는 부하 직원이 있다면 대부분의 상사들은 어떻게 반응하는가? 아마도 다음과 같이 말할 것이다.

"그래, 수고했어. 잘 들어가고 내일 봅시다."

그런데 김 부장님은 달랐다.

"어, 그래? 퇴근한다고? 그런데 지난번에 작성하라고 한 보고서는 다 끝내고 가는 거야? 그 자료 좀 가지고 와 봐."

결국 직원들은 퇴근하려던 것을 포기하고 자리에 앉아 다시 일을 시작해야만 했다.

게다가 팀원들은 저녁식사를 제대로 하지 못하고 일할 때도 많았다. 저녁 8시면 구내식당이 닫는 시간인데 부장님은 팀원들이 밤늦게까지 야근을 하고 있어도 팀원들에게 식사하러 가자는 말을 한 번도 한 적이 없었다. 하루는 팀원들이 식당이 마감할 시간이 다가오자 용기를 내어 말했다.

"부장님, 식사하러 가시지요. 식당 문 닫을 시간이 다 되었거든요."

그런데 돌아오는 대답은 어떠했을까?

"그래? 나는 안 먹으려고. 해야 할 일이 많거든."

그게 끝이었다. 부장님께서 그렇게 말씀하시니 민망해진 팀원들은 다시 자기 자리에 앉아 일을 할 수밖에 없었다.

그렇게 사생활도 없이 매일 야근에다 밥 먹는 것까지 눈치를 보며 일을 하다 보니 직원들은 불만이 점점 쌓일 수밖에 없었다. 그래도 일단 살기 위해서 나름대로의 요령을 터득하게 되었다. 직원들은 상사에 대한 예의를 갖추지 않고 식사를 다녀왔으며, 개인적으로 급한 약속이 있을 때는 컴퓨터를 켜놓고 재킷을 의자에 걸어둔 채 몰래 퇴근하기도 하였다.

나는 직원에 대해 전혀 배려심이 없는 김 부장님의 행동이 매우 실망스럽고 못마땅했지만 나름대로 김 부장님을 이해하려고 노력하였다

그러던 어느 날, 그런 나의 긍정적인 한줄기 노력마저 포기하게 만드는 상황이 발생하였다. 그 날은 나의 시아버님 제사가 있는 날이었

다. 그래서 나는 그 날만은 일찍 퇴근하기 위하여 아침 일찍 출근해서 퇴근시간이 될 때까지 숨 쉴 틈도 없이 일을 했다. 그렇게 일한 덕분에 퇴근시간까지 일을 마무리할 수 있었다.

"부장님, 오늘은 제가 시아버님 제사라 다른 날보다 좀 일찍 들어가야 하니 양해를 부탁드리겠습니다. 참고로 오늘 제가 해야 할 일은 모두 마무리했습니다."

나는 당연히 그렇게 하라고 할 줄 알았다. 왜냐하면 그동안 부장님은 인간적으로는 잘 모르겠지만 업무적으로는 최소한 나에 대해 매우 호의적이었고 나를 무척이나 신뢰하고 계셨기 때문이었다. 그런데 돌아온 김 부장님의 대답은 나를 무척이나 당황하게 만들었다.

"이 팀장, 무슨 제사가 그렇게 많지? 전에도 누구 제사라고 한 적이 있지 않았나? 그건 그렇고 지금부터 회의를 해야 하니까 준비하지!"

김 부장님의 말에 나는 충격과 함께 자존감에 심한 상처를 받았다. 다른 때였으면 김 부장님을 잘 설득해서 일찍 퇴근을 했겠지만, 그 당시에는 더 이상 말을 하고 싶지 않아서 그냥 군소리 없이 회의에 참석을 했다.

그런데 문제는 그 다음이었다. 정확히 오후 5시에 시작된 회의가 자정이 넘어서야 종료되었다. 무려 7시간동안 진행된 것이었다. 더 놀라운 것은 7시간 동안 쉬는 시간이 단 한 번도 없었다는 것이었다.

회의 중간에 화장실을 다녀온 사람은 있었지만 회의는 중단되지 않았다. 당연히 저녁도 먹을 수 없었다. 그렇게 장장 7시간이 흐르자 나는 도저히 참을 수가 없었다. 그래서 나는 7시간 만에 처음으로 입을 열었다.

"부장님, 지금 시간이 12시입니다."
"아니, 벌써 12시야? 언제 시간이 이렇게 가버렸지? 저녁을 먹고 가야겠네?!"

이렇게 회의는 종료되었고 나를 제외한 남자 직원들은 자정이 넘은 시각에 저녁을 먹으러 가야만 했다. 아마도 내가 12시라는 말을 하지 않았다면 밤을 새워서 회의가 진행되었을지도 모를 일이었다.

무슨 회의를 그렇게 오랫동안 했을까? 사실 나는 7시간 동안 무슨 이야기를 들었는지 잘 모르겠다. 분명히 중요한 내용이 있으니까 그렇게 오랫동안 회의를 했을 텐데 중요하지 않은 다른 이야기들에 묻혀서 그 중요한 것이 그냥 지나가버렸다.

그 후 우리는 김 부장님과 1년 정도 함께 일을 더 했다. 그 1년 동안 우리 팀원들이 터득한 것은 눈치와 요령이었던 것 같다. 팀원들 입장에서는 직원들을 전혀 배려하지 않는 상사에게 충성할 이유가 없었기 때문에 눈에 보이는 일만 하게 되었고 시키는 일 이외에 다른 일은 하려고 하지 않았다. 어차피 퇴근시간이 늦으니까 낮에는 대충 일을 하다가 저녁이 되어서야 본격적으로 일을 시작하는 팀원들도 있었다.

김 부장은 리더로서 갖춰야 할 대부분의 역량을 갖추고 있었다. 탁월한 기획력과 추진력은 물론, 하고자 마음먹은 일은 반드시 해냈다. 게다가 일에 대한 열정과 조직에 대한 애정은 타의 추종을 불허할 정도이었다. 그런데 무엇이 문제였을까? 그의 가장 큰 문제점은 '관계를 통해서' 성과를 내는 방법을 몰랐다는 점이다. 모든 일을 자신이 컨트롤하고 다른 사람들조차 자기처럼 자신의 잣대로 일해야 한다고 생각했다는 점이다. 그가 직원들을 배려하고 자신의 성과는 결국 팀원들의 성과의 합이라는 점을 알았다면 직원들이 스스로 동기 부여가 되어서 일을 했을 것이다.

에피소드 2
사내 네트워크의 힘: 한국 회사

흔히 사람들은 연봉만 좀 올려주면 쉽게 이직할 것처럼 말을 한다. 그러나 실제로 이직을 고려하는 단계가 되면 연봉 차이만큼은 아닐지라도 그 못지않게 중요하게 고려해야 하는 것이 있다. 회사에서 다년간 축적한 인적 자본, 즉 사내 인적 네트워크의 손실이 바로 그것이다. 특히 한국 회사에서는 더욱 그런 것 같다. 나는 처음 회사를 옮길 때 인적 자본에 대해 별로 고민하지 않았다. 8년 넘게 매일 가족보다 더 많은 시간을 함께 한 사람들과 이별하는 것이 망설여지기는 했지만, 동료들과의 친밀도가 업무를 하는 데에 영향을 미칠 것이라고 생각하거나 고민하지는 않았다. 게다가 언어 소통이 자유롭지 않은 외국 회사로 옮기는 것도 아니니 별로 달라질 것이 없으리라 여겼다.

그런데 회사를 옮기고 보니 쉬운 일이 하나도 없었다. 새로 팀을 만들면서 들어갔기 때문에 업무 정의도 새로 하고, 회계팀, 리스크팀, 업무팀, 결제팀, 기획팀, 준법감시팀 등을 두루두루 엮어서 팀 간 업무플로우도 만들어야 하며, 결재 과정이나 승인 절차 및 관련 위원회 등도 만들어야 했다. 그러나 마땅히 자기 일을 해야 하는 사람들이(내 눈에는) 태업을 하는 것이었다. 때로는 황당한 이유로 반대를 했고, 때로는 이유도 없이 처리를 안 해주었다. 적어도 내게는 그렇게 느껴지는 일이 많았다. 당시에는 아무래도 업무 절차가 제대로 확립되어 있지 않아서 그런 것이거나, 혹은 업무 태도에 상당히 문제가 있는 사람들이 아닌가 생각했다. 그 전에 있던 큰 조직에서는 이런 불편함이 없었기 때문이다.

그런데 지금 돌이켜보면 그건 인적 자본의 문제가 상당 부분 크지 않았나 싶다. 물론 조직 문화의 차이나 업무 절차 차이 등도 영향이 있었지만, 피부로 느낀 답답함은 사람들 때문이었던 것이다. 8년 넘게 근무했던 첫 직장은 신입사원으로 입사해 좌충우돌 일하면서 본사 주요 부서 사람들과 교류하며 함께 일해왔다. 대부분의 유관 부서의 의사결정권자들은 나를 '골치 아픈 신입사원' 때부터 지켜본 사람들이어서, 조금 곤란한 일도 간절히 부탁하면 어떻게든 방법을 찾아주곤 했다. 또 나보다 후배인 동료들은 그들이 회사에 적응하느라 애쓰던 때부터 알고 지냈거나, 그들을 직접적으로는 몰라도 그들이 신뢰하는 선배와 친해서 신뢰를 가불(?)해서 쓸 수 있었다. 이것이 사내에 축적한 인적 자본인데, 회사를 옮기면 기존의 인적 자본은 손실 처리되고 '0'부터 다시 쌓아가야 하는 것이었다.

예전 회사에서는 "이 업무를 진행하려면 관련 팀들의 합의 절차가 꼭 필요합니다. 좀 도와주세요."라고 하면 "야, 자꾸 이렇게 귀찮은 것 가지고 올 거야?!"라고 말은 하면서도 매번 일을 처리해주었다. 그런데 새 직장에서는 말은 젊잖게 하면서도 상대가 속으로 '내가 왜? 너 좋으라고? 뭔가 숨기고 있는 거 아냐?'라고 생각하는 게 눈에 보였다.

그렇다고 거기에 대고 "이게 나만을 위한 일이야? 이건 당신 '일'이라고!! 이 일을 하라고 회사가 당신에게 월급을 주는 거란 말이야!"라고 폭발해 버리면 그나마 '0'이던 인적 자본이 순식간에 자본잠식 상태가 된다.

이런 문제는 비단 협업 부서하고만 있는 건 아니다. 새로운 팀원들, 그리고 때로는 이해관계가 충돌하는 옆 팀 사람들과도 알아가는 과정이 필요했다. 그중 특히 젊은 남자 직원들과는 무엇을 매개로 인간적인 관계를 풀어 나아갈 것인지 고민이 되었다. 나는 주량이 고작 소주 2잔이고, 당구도 골프도 치지 못했다. 그러던 어느 날, 같은 부문 남자 직원들이 이따금 모여서 스타크래프트 게임을 하고 논다는 걸 알게 되었다. 그때까지만 해도 게임을 해본 적이 없었지만 무엇인가 함께 해보자는 생각에 집에서 몰래 연습을 했다. 어느 정도 초보적인 사용법을 익힌 후 조심스레 나도 좀 끼워달라고 하며 다가갔다.

업무상이나 혹은 나이로는 내가 상급자이지만 오로지 실력이 계급인 게임의 세계에서 나는 인턴사원 같은 존재였다. 막내 사원에게도 혼쭐이 나기 일쑤였다. 그렇게 우리 팀 내에서 시작한 게임을 통해 옆 팀 직원들과도 어울리게 되고, 연말이면 다른 부서와 연합으로 팀 대항전을 벌이기도 했다. 게임이 신뢰가 되는 것은 아니지만 관계를 쌓아가는 좋은 매개가 된 것 같다.

신뢰는 시간과 함께 쌓이는 것이다. 크고 작은 사건사고를 함께 처리하고, 개인적인 큰 고비를 겪는 직원을 응원하고, 힘들어 방황하는 팀원의 고민을 나누고. 그러는 사이 사람들은 비로소 결재판의 내용을 읽어주기 시작한다.

한국 회사의 특징 중 하나가 업무보다 인간관계(혹은 사내 정치라고도 불리는)가 우선인 점이다. 관계가 우선이라기보다는 관계 구축이 되어야 업무가 매끄럽게 돌아간다고 하는 것이 맞을 것 같다.

사례의 주인공은 새 직장의 문화가 이상하고 사람들이 괴팍했던 것이 아니라 사내 네트워크와 신뢰가 없었기 때문에 업무 협조를 받기 어려웠던 것이다. 관계 구축이나 사내 정치라고 말하면 뭔가 특별하고 어려운 일을 요구하는 것 같다. 하지만 불확실한 상황에서 자신의 속내를 잘 모르는 사람을 경계하는 건 본능일 수밖에 없고, 우리나라의 조직 문화에서는 그것이 조금 더 강하게 요구되는 것일 뿐이다.

에피소드 3
사내 네트워크의 힘: 미국 회사

한국 회사에서 외국계 회사로 옮길 때에 가장 걱정이 되었던 것은 실적이 좋지 않으면 가차 없이 해고를 당한다는 점이었다. 그 다음으로 독립적인 조직 문화에 대한 두려움도 제법 컸다. 외국 회사의 한국 세일즈 담당자들의 푸념을 들어보면 법무팀과 리스크팀이 어깃장을 대서 도무지 되는 일이 없고, 언제든 해고 통지를 받을 수 있는 회사이니 사람들끼리 그다지 교류도 없다는 이야기가 종종 있었다.

이전 회사에서는 팀원들과 어울려 맛집도 다니고, 팀이 보너스를 받으면 함께 여행을 가기도 했다. 직원들끼리 편하게 때로는 바보 같은 농담도 주고받고, 어려운 일을 겪는 사람이 있으면 서로 걱정해주며 한밤중에 전화로 안위를 확인하기도 했다.

그러나 걱정과 달리 내가 외국 회사에 일하고 처음 느낀 것은 "생각보다 일하기 편하다!"였다. 내 업무 이외에 신경 쓸 일이 훨씬 적었다. 일상적인 업무는 내 몫의 일을 처리해서 제때 넘기면 알아서 다 처리되고, 타 부서를 쫓아다니면서 일의 진행 상황을 계속 체크할 필요도 없었다. 각자 자기 일을 하는 전문가들이기 때문에 자기 일을 하는데 내가 '부탁'따위 할 필요가 없다. 심지어 유관 부서의 팀장들은 "우리 팀이 뭘 도와줄까?"라고 찾아와서 물어본다.

물론 룰이 명확한 만큼 새로운 업무나 절차를 만들 때에는 오히려 더 힘들 때도 많다. 봐주고 넘어가는 일이 없고 각 관련 부서의 요구나 문제를 모두 해결해야 했다.

그러나 사람 사는 곳은 어디나 비슷한 부분이 있다. 그곳에도 역시 사람 간에 오가는 정이 있고 그것이 알게 모르게 업무에도 영향을 미친다.

"Put faces on their names!(먼저 인사하고 안면을 터라!)"

다른 도시에 출장을 가면 나의 상사들은 우리 회사 사무실에 가서 관련 부서 사람들을 꼭 만나서 인사를 나누고 직접 대화를 하라고 했다. 여러 나라의 팀이 함께 일을 하기 때문에 일상적인 업무가 대부분 메일과 전화 회담으로 이루어지는 만큼 서로 교감할 기회가 드물다. 그러다 보면 아무래도 협업해서 일하는 상대방을 기계적으로 대하기 십상이기 때문이다.

그러던 어느 날, 나와 유사한 계약을 체결하는 다른 부서의 직원이 후선 부서 때문에 일이 도저히 진행이 안 된다고 푸념하는 것을 우연히 듣게 되었다. 나보다 경험도 많고 영업력도 훨씬 좋은 사람이라 혹시 내가 진행하고 있는 건에도 영향이 있을까 걱정되어 계약서 담당자에게 전화를 걸었다.

"샐리(계약서 담당자), 계약 협상에 문제가 있는거니?"

"아니. 문제 없는데… A, B, C, 거래처 순으로 네꺼 진행되고 있어. 누가 문제가 있대?"

"아, 옆 부서에서 그런 얘기를 하는 걸 들었거든…. 나보다 한참 전에 시작한 건이 진행이 안 된다고 해서. 내 것에도 문제가 있나 싶어서."

"아니야. 협상 피드백이 오가는데 그쪽은 세일즈가 풀어줘야 하는 걸 자꾸 미루니까 그런 거야. 너는 빨리 진행하도록 많이 도와주잖아. 그래서 네 것을 먼저 하려고."

아무리 책임과 권한이 잘 정리되어 있어도 협업해서 일을 하노라면 회색지대가 있고 조금씩은 개인적이 위험을 부담해야 하는 부분이 있기 마련이다. 각자 자신의 업무 역할이 명확한 만큼 자신에게 부여된 권한 안에서 재량을 부리는 것에 대해서는 상사나 타인이 뭐라 할 수 없다. 물론 얼굴을 마주하고 개인적인 친분이 생기더라도 억지를 받아주거나 규정에 어긋나는 일을 해주지는 않는다. 그러나 더 인내심을 갖고 설득 당해주거나 궁리를 해서 해결책을 찾아준다거나, 지역적으로 떨어져 있는 사람에게 평판 관리를 해준다거나, 내게 영향이 올만한 변화가 예상되면 미리 귀뜸해준다거나, 자신의 업무 책임 내에서 더 많은 위험을 분담한다거나, 내게 긴요한 일을 우선 처리해주는 등 다양한 형태로 다른 팀을 설득하고 나를 지지하는데 무시할 수 없는 도움을 준다.

한국 회사에서나 미국 회사에서나 업무를 하는 데에 있어서 신뢰는 중요하다. 다만 한국은 개인적 신뢰를 쌓아야 업무 진행이 매끄러워지는 반면 외국계는 업무를 통해 쌓인 신뢰를 통해 관계를 맺는다는 차이가 있을 뿐이다.

에피소드 4
소처럼 일하지 말고 여우처럼 일해라

사람들은 내가 말하지 않아도 상대방이 나의 상황을 잘 알고 있고, 심지어 나의 마음까지도 잘 알고 있을 것이라 생각하는 경우가 많다. 나도 당연히 그렇게 생각했었다. 오랫동안 직장생활을 하면서 나의 역할에 최선을 다하고, 상사가 원하는 것보다 더 좋은 결과를 내고, 동료직원들과도 팀워크를 잘 이루면서 주어진 임무를 잘 완수하면 내가 말하지 않아도 조직에서 나를 인정해주고 때가 되면 알아서 승진을 시켜줄 것이라고 생각했었던 적이 있었다.

회사에 입사하고 세월이 흘러 어느덧 나도 승진대상자가 되었다. 나는 직장생활 내내 최선을 다한 덕에 인정을 받고 있었고 성과도 좋았으며, 평판도 나쁘지 않았기 때문에 내심 승격을 기대하고 있었다. 단 당시 지점으로 이동되어 온 지 6개월이 채 되지 않았다는 점이 마음에 걸렸다. 전입예우가 관례이던 그 당시 조직 문화에서는 나의 능력이 아무리 뛰어나다 해도 내 차례가 오려면 어쩔 수 없이 전입순서를 기다려야 한다는 것이었다. 아니나 다를까 우려했던 대로 나는 승진에서 제외되었다.

그런데 참 서운하다는 생각이 들었다. 내가 속해 있는 지점에서 함께 일하는 나의 동료들은 물론, 직속 상사까지 승진하지 못한 나에게 며칠 동안 한마디 위로의 말조차 건네지 않았던 것이었다. 승진이 되지 못한 것도 서러운 일인데 상사와 동료들의 무관심은 정말 의

외라는 생각이 들었다. 그래서 나는 용기를 내어 직속 상사에게 말씀을 드렸다.

"김 과장님, 며칠 전에 승진 발표가 있었던 것 아시죠? 저도 승진 대상자였는데 승진이 안 되었습니다. 그건 그냥 받아들이면 되는데 과장님이나 차장님이 저에게 위로의 말 한마디도 없으셔서 정말 서운했습니다."

나는 하고 싶은 말을 다 하고 나니 마음이 좀 풀리는 것 같았다. 그런데 내 말을 들은 김 과장님은 깜짝 놀라시면서 이렇게 말씀하시는 것이었다.

"응? 신 계장이 승진대상자였어? 온 지 얼마 되지 않아서 내가 미처 파악을 못 했네. 미안해서 어쩌지? 지금 몇 년생이지? 나는 신 계장이 어리게 보여서 승진대상자라는 것을 생각도 못 했어. 이거 미안해서 어쩌지?"

그동안 나는 다른 사람들보다 더 많은 일을 하면서 성과를 잘 내고 있으니 그 사실을 상사가 잘 알고 있을 것이라고 생각했으며, 당연히 승진을 챙겨줄 것이라고 생각했다. 그러나 현실은 직속 상사와 한 번도 마음을 터놓고 이야기한 적도 없었으며, 나에 대한 기본적인 사항도 제대로 전달하지 않은 상태였던 것이다.

업무 중심적인 사람들은 대부분 열심히 일하면 최소한 자신이 한 만큼은 인정을 받을 것이라고 생각하지만, 조직에서는 일을 얼마나 열심히 했느냐보다는 사람들과 관계를 잘 만든 사람들이 더 빨리 승진하는 것을 보게 된다. 결국 조직의 경쟁 속에서 성공하려면 자신의 업무 능력이나 전문성만큼이나 조직 내외부의 '관계'를 얼마나 잘 구축했는지도 중요한 요소가 된다.

위의 사례의 경우 인사이동 후 6개월이라는 시간이 있었지만 업무 중심으로 열심히 일만 했었기에 같이 일하는 직속상관에게 자신의 기본적인 사항에 대해서도 이야기를 터놓고 할 만한 '관계'를 구축하지 못했다. 그 결과 당연히 승진할 수 있던 기회를 스스로 날려버리는 우를 범했다. 그렇다면 당신은 어떠한가? 상사와의 관계를 제대로 구축하고 있는지 생각해보자.

업무 스타일의 특징

업무 중심적인 사람들은 효율성과 일정에 더 집중하기 때문에 다음과 같은 특징을 보인다.

- 일정 안에 목적 및 목표를 달성하는 일을 중요시한다.
- 사실에 근거한 증거, 논리적 추론 및 구체적인 결과 성취를 더 중요하게 생각한다.
- 다른 사람의 업무에 대한 비판은 더 직접적으로 한다.

관계 중심적인 사람들은 강력한 관계를 구축하고 유지하는 것에 더 집중하기 때문에 다음과 같은 특징을 보인다.

- 조화로운 관계를 유지하기 위해서라면 업무를 완료하는 것에 덜 집중하는 경향이 있다.
- 일정 안에 목적을 달성하는 것을 덜 중요하게 생각한다.
- 다른 사람의 업무에 대한 비판을 할 때는 더 간접적인 표현을 사용한다.

업무 중심 – 관계 중심 업무 스타일 스위칭하기

■ 신뢰 구축

업무 중심적인 사람은….
- 사람을 판단할 때 그가 누구를 알고 있는지가 아니라 무엇을 하는지를 기준으로 여겨야 하며, 자신도 인간관계나 소속 조직이 아닌 성과를 바탕으로 평가받기를 기대한다.
- 궁극적으로 신뢰는 대부분 성과 여부에 달려 있다.
- 경청은 항상 중요한 일이지만 그것이 업무와 연관되는 내용이 아니라면 의미 없는 행동으로 여길 수 있다.
- 업무를 진행하기 전이 아니라 업무를 수행하는 과정에서 신속하게 관계를 형성하는 것이 좋다.
- 관계의 기간이 매우 짧을 수 있으므로 업무 중심적인 사람은 신속하게 파악하도록 노력해야 한다.
- 사무실 밖에서의 비공식적인 관계는 거의 발생하지 않기 때문에 다른 사람의 사생활을 존중한다. 따라서 업무 중심적인 사람에게는 너무 개인적이라고 생각되는 주제를 꺼내지 않도록 주의해야 한다.

관계 중심적인 사람은….
- 사람들을 판단할 때 그가 무엇을 알고 있는지 또는 무엇을 할 수 있는지 뿐만 아니라 누구를 아는지 그리고 어떻게 연결되어

있는지를 기준으로 삼는다.
- 관계 중심적인 사람에게는 귀 기울여 듣고 행동을 취하기 전에 현재 상황에 대해 알고 싶다는 태도를 확실하게 나타내야 한다.
- 특정한 상황에 외부인이 들어와 빠른 변화를 시도할 경우 근시안적이거나 건방진 사람으로 보일 수 있으며 협조를 얻기가 어렵다.
- 새로운 상황에 투입될 경우 당신의 성과나 개인적인 배경을 너무 강조하는 모습은 관계 중심적인 사람이 볼 땐 이기적이거나 오만하다고 해석될 수 있다. 경력 또는 성과를 암시하는 정보를 간접적으로 알리는 방법을 찾아봐야 한다.
- 업무를 본격적으로 진행하기 전에 편안한 관계를 형성한다.
- 처음 대면하기 전부터 호의를 얻기 위해 공을 들이며, 관습적인 행사를 통해 잠재적인 비즈니스 파트너와 서로의 자질을 알아볼 수 있는 기회를 갖고 서로가 적합한 상대인지 알아본다.
- 신뢰와 신용은 시간이 지남에 따라 더욱 편안하게 느끼게 되는 상호 작용을 통해 형성해 간다.
- 업무 외 비공식적인 교류가 업무를 진행하는데 필수적인 부분이다. 비공식적인 교류 시간을 통해 우정과 다양한 수준의 신뢰 관계를 쌓아나간다면 당신의 생각, 제안 등을 더 잘 수용할 것이다.
- 관계가 견고해질수록 정보의 흐름도 원활해진다.
- 당신이라는 사람에 대해 알기를 원하고 너무 개인적이라고 생각되는 질문을 할 수도 있다.

■ 회의

업무 중심적인 사람은….
- 시간 관리 및 생산적인 회의를 위해 회의의 목적에 맞게 행동한다.
- 규정된 회의 안건 및 목적과 관련이 없으면 굳이 회의 시간에 임의의 질문을 묻고 답변을 얻는 기회를 가지지 않는다.
- 업무 중심적인 사람이 회의에 참여한 다른 사람의 아이디어에 동의하지 않거나 비판하는 것은 건설적인 어조를 유지하는 한 그 아이디어를 제안한 사람을 비판하거나 공격하는 것이 아니다.
- 회의 시간을 관리하는 것을 무엇보다 중요하게 생각한다.

관계 중심적인 사람은….
- 회의 안건에 대해 어느 정도 유연성을 발휘한다.
- 회의 목적은 아니지만 관계를 구축하기 위한 토론을 자주 한다.
- 회의 시간에 대해 너그러운 편이며, 시간 관리가 문제에 대한 토론만큼 중요하지는 않기 때문에 회의 시간이 길어질 수 있다.

■ 피드백

업무 중심적인 사람은….
- 피드백은 사람이 아닌 문제 자체에 집중되어야 한다.
- 건설적인 피드백은 사무실에서 일대일로 직접 제공하는 것을 의미한다.

- 업무 중심적인 사람에게는 신속하게 요점을 말하고, 전달하고자 하는 내용을 나타내는 최근의 구체적인 행동이나 행위를 예로 드는 것이 좋다.

관계 중심적인 사람은….
- 당신이 문제를 비난하는 것을 사람을 비난하는 것이라고 느낄 수 있다.
- 관계 중심적인 사람에게는 피드백 대상자가 발전시켜야 할 부분에 중점을 두기보다는 함께 문제를 해결하는 것이 더 효율적일 수 있다.
- 개선해야 할 영역은 코칭 또는 모델링을 통해 해결하거나 상호 존중하는 제 3자를 통해 전달하는 것이 좋다.
- 직장 밖의 술집, 식당, 골프장 등 좀 더 비공식적인 환경에서 건설적인 피드백을 제공하는 것이 효과적일 수 있다.

R r e e t

스타일 스위칭으로
조직을 변화시켜라!

업무 스타일을
바꾸면 조직 문화가
바뀐다

요즘 기업의 최대 이슈 중 하나는 조직 문화의 변화이다. 얼마 전 S 사에서도 글로벌 경쟁력을 재고하겠다는 목표로 '스타트업 컬쳐 혁신'이라는 구호 아래에 조직 문화 변화를 시작했다. 수직적 조직 문화의 틀을 깨고 수평적 조직 문화를 만들겠다는 의지가 느껴진다.

세계에서 가장 창의적인 조직 문화인 디즈니 사의 에드캣멀 사장은 서로의 창의성을 돕고 자유롭게 소통하는 지금의 디즈니를 만들기 위해 몇 가지의 일하는 방법을 바꿨다고 한다. 그중 대표적인 예시로 위계적이고 관료주의적인 문화를 개선할 수 있었던 '브레인 트러스트'라는 회의방법이 있다. 회의에서 반대 의견을 말하든, 실수를 하든, 내가 '안전하다'는 문화를 조성하고, 서로를 의식하여 실수를 두려워하는 일이 없도록 만들었다. 이렇듯 조직 문화의 변화는 우리가 매일 마주하는 회의, 미팅, 야근, 보고 방법을 바꾸는 것에서부터 시작할 수 있다.

■ 한국 기업의 조직 문화와 업무 스타일

우리나라 기업 조직 문화의 저변에는 한국 문화가 매우 중요한 요소로 자리 잡고 있다. 한국 문화는 역사적, 지형적 특성을 바탕으로 다른 나라와 비교했을 때 매우 단일 문화적인 특성을 가지고 있다. 같은 인종의 사람들이 모여 같은 언어를 사용하기 때문에 다양한 인종과 언어가 공동체로 살아가는 미국이나 유럽보다 위계적, 집단주의, 관계 중심적이라는 수직적 문화의 형태를 보인다.

한국의 수직적 문화는 어떻게 형성되었을까? 이는 유교의 덕목을 통치 이념으로 받아들였던 조선 시대부터 오랜 기간 한국 사람들의 근원적인 가치관으로 자리 잡아 왔다. 현대사에 이르러 위계 문화는 군권정치에서 비롯된 군대 문화와 결합하여 산업 전반에 뿌리내리게 된다. 그 결과, 계급 서열 문화 및 남성 위주의 문화가 한국 기업의 조직 문화 특성이 되었다. 이러한 조직 문화는 위계를 중심으로 일사불란하게 움직여야 하는 상황에서는 엄청난 저력의 바탕이 되며, 우리나라 경제 발전의 주요 성공 요인이었다.

수직적 문화 속에서는 윗사람의 지시에 맞춰 '열심히' 일하는 것이 미덕이었다. 그러나 이제는 혁신과 창의성이 기업 생존 DNA가 되어야 하는 만큼 모든 변화를 일방적으로 위에서 아래로 전달하는 수직적 문화는 기업의 성장을 저해하는 요소가 되고 있다. 하향식 소통 방식으로 인해 대처속도가 떨어지고, 상위 직급으로 올라갈수록 소통의 내용이 왜곡되기 때문에 빠르게 변하는 시장의 반응에 뒤쳐진다.

대부분의 기업들이 수직적 문화에서 수평적 문화로 변화해야 한다는 것을 느끼고 있지만, 조직 문화의 변화는 구성원들의 행동을 바꿔야 가능하기 때문에 쉽지 않은 도전이다. 젊은 직원들의 의견을 수렴하고자 상향식 커뮤니케이션 방식을 적용하려고 노력했지만, 대부분의 시도는 이벤트성으로 그치고 진정한 변화로 확산되지 못하고 있는 실정이다. 변화가 어려운 대표적인 이유는 구성원들 간의 '지시적' 상황에 익숙해져 있어서 상하 또는 동료 간에 '변화를 위한 피드백'을 주고받는 것이 어렵기 때문이다.

조직 문화는
기업의 모든 것에
스며 있다

조직 문화는 결국 조직 구성원들의 행동 방식 또는 일하는 방식과 연결되어야 한다. 수직적 조직 문화가 수평적 조직 문화로 바뀐다는 것이 기업 활동 전반에 어떻게 표출되는지를 7S(공유 가치, 전략, 시스템, 구조, 스타일, 스킬, 스태프) 모델을 적용해서 알아보자.

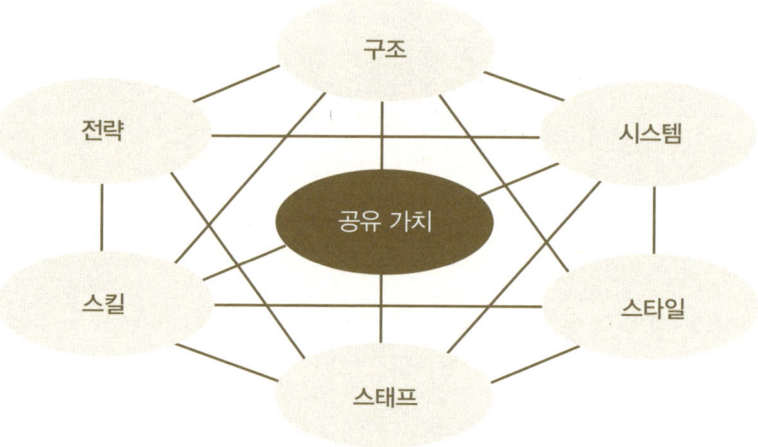

자료 출처: 맥킨지

- 공유 가치(Shared Values) : 조직이 표방하는 핵심 가치와 조직 구성원들이 공유하는 공통된 가치관, 즉 조직 문화 및 다수 조직 구성원들의 국가 문화 등이 포함될 수 있다. 이러한 공유 가치가 평등, 수평, 자율 등이 된다.
- 전략(Strategy) : 전략 개발에 있어 다양한 계층의 직원들이 참여하고 자신의 의견을 표출할 수 있는 기회가 주어진다. 이전

의 일방적인 하향식(Top down) 의사 결정에서 조직 단위별 상향식(Bottom up) 커뮤니케이션을 통한 전략 도출을 하고 현업에 적용할 수 있다.

- 시스템(System) : 커뮤니케이션이 가능한 여러 가지 채널이 강화되고 다양한 시스템이 지원된다. 예를 들어 인사고과 등 평가는 직급과는 관계없이 구성원 개인의 주도적 활동에 대한 인정 및 보상 시스템이 공정하고 충분히 논의되어 시스템으로 구축되어 있다.

- 구조(Structure) : 조직도에서의 직급·직책을 간소화하고(혹은 없애고), 주요 의사 결정에서도 상당 부분의 결정권이 실무자 전결로 가능하다. 핵심적인 주요 결정 안건의 성격에 따라 주요 실무자를 포함한 리더들이 논의해 투명하게 결정되고 실행된다. 또한 사무실의 레이아웃을 정할 때는 직급이 높다고 해서 독립된 공간을 갖는 것이 아니라 직원 전체를 위한 식당이나 회의실 등이 중심부에 들어오고 가시적 구조에서도 수평적인 모습으로 정렬이 된 모습을 보인다.

- 스타일(Style) : 리더들의 업무 스타일이 위계적인 무게감보다는 효율성과 유연성에 중점을 둔다. 행동이나 옷차림 등으로는 리더와 직원들의 구분이 전혀 되지 않는다. 기존의 정장 차림에서 편의 중심의 캐주얼한 모습으로 유연하게 일하며, 구성원들과 격의 없이 대화를 나누고 채널을 열어 두고 자유롭게 쌍방향 소통을 한다.

- 스킬(Skill) : 수평적 커뮤니케이션을 할 수 있도록 관련된 스킬을 필수 교육 모듈로 구성해야 한다. 새로운 기법이나 유행을 읽어낼 수 있는 기회를 제공하고 구성원들이 충분히 습득할 수

있도록 촉진한다. 구성원들은 누구나 자발적으로 이벤트를 주도할 수 있으며 다양한 커뮤니케이션 스킬을 활용한다.
- 스태프(Staff) : 직급이나 직책이 아니라 역량을 중심으로 선발, 배치, 교육, 평가 등이 이루어진다.

이렇게 조직의 모든 활동 속에 스며 있는 '공유 가치'는 때로는 조직에 새로 들어온 신입사원을 중요한 선택의 기로에 서게 만든다.

어느 신입사원의 생존 방법

나는 전산팀의 신입사원으로 입사했다. 같이 일하는 선배 직원들은 20대 후반의 업무 베테랑들이었고, 남자 신입 사원들조차도 여자 선배들에게 신고식을 해야 업무 협조를 받기가 좋다고 소문이 나서 전산팀의 여자 선배들을 모시는 듯한 분위기가 있었다.

대졸 여자 신입사원은 나 혼자였는데, 그 뒤 얼마 되지 않아서 1명의 대졸 여자 신입사원 이미영 씨가 합류하여 2명이 되었다. 신입사원 교육을 마치고 사무실에 복귀해서 자리를 잡자 직속 선배가 다가와 여자 신입사원들이 교대로 사무실 책상 청소를 해야 한다고 했다. 대졸로 들어와서 사무실 청소라니! 하지만 이의를 제기하진 못했고, 우리는 청소 순번을 정하였다.

평소보다 30~40분 정도 일찍 출근해서 빠르게 책상 위의 쓰레기를 치우고 닦는 일을 마치면 다른 직원들이 출근을 하기 시작하는 시간이 되었다. 이렇게 회사의 업무 규칙처럼 되어 있는 여자 신입사원의 청소를 나만의 방식으로 수용하면서 회사에 적응해나갔다.

한편 나와 약간의 시차를 두고 입사했던 이미영 씨는 이런 청소에 대해서 불만이 많았다. "똑같이 입사한 남자 직원들은 안 하는데 단지 여자라는 이유로 한다면 이건 불평등한 것이 아닌가요?"라고 하면서 조직의 여러 사람들에게 불만을 표시하기 시작했다.

어느 날, 직속 선배인 송 주임이 나에게 질문을 던졌다.

> "김나래 씨는 여자 직원이라는 이유로 남자 직원들과는 달리 유니폼을 입고, 사무실 청소를 하는 것에 대하여 어떻게 생각해?"
>
> "아…. 여자 신입사원이 청소를 해야 한다는 규칙이 있고, 이렇게 할 수밖에 없는 것이라면 아무도 없을 때 일찍 와서 내가 맡은 분량의 청소를 하면 된다고 생각합니다. 그런다고 해서 제가 청소부가 되는 것도 아니며, 팀을 위해서 좋은 일을 하는 기회라고 생각합니다. 굳이 내 인격과 연관지어 자존심 상한다고 생각할 필요도 없고요."
>
> 나는 그 당시 조직이 원하는 대답을 했다. 불만을 제기했던 이미영 씨는 결국 1년이 채 되지 않은 상태에서 자의반 타의반 회사를 그만두었다.

수평적 조직 문화의 기업이라면 여자 신입사원이 청소를 해야 한다는 것은 위계적 또는 남녀 차별적 관행으로 매우 부당한 것이다. 하지만 당시 조직에서는 그저 관행처럼 해오던 것이었다. 이 예시는 상당히 오래전의 상황이지만 지금도 많은 기업에서 이와 비슷한 상황에 직면하고 있는 신입사원들이 많이 있을 것이다. 만약 당신이 새로 입사한 여자 직원 중의 1명이라면 어떻게 했을까? 부당함을 이야기하다가 어렵게 입사한 회사를 그냥 나와 버릴 것인가?

가끔 참신한 신입사원들이 들어와서 조직에 새로운 분위기를 만들어줄 수 있을 것이라고 이야기하는 신문 기사들이 나오기도 한다. 하지만 신입사원에게는 조직 문화의 변화보다는 어떻게 적응할 것인가에 초점이 맞추어질 수밖에 없다.

에피소드의 이미영 씨는 청소에 대한 불만을 제기함으로써 다른 조직 구성원들에게 부정적인 인상을 주었을 것이다. 그리고 그런 부정적인 인상으로 인해 이후의 업무 상황에서도 협력을 얻어내기가 매우 힘들었을 것이다. 결국 자의반 타의반 회사를 그만둘 수밖에 없는 상황이 되었다.

기존 조직 문화에 이의를 제기하는 도전은 개인적인 경력, 또는 인생에 리스크를 걸고 행동할 수밖에 없는 것이기에 새로운 문화로 변화하는 것이 더욱 어렵기만 하다. 이 사례에 나온 회사도 다른 회사와 비슷하게 조직의 핵심 가치로 도전, 열정, 고객 중심 등의 슬로건을 내세우고 있을 수 있다. 도대체 어떤 회사가 '남녀 차별' 또는 '위계적 업무 방식' 등을 핵심 가치로 내세운다 말인가?

만약 이 사례에서처럼 기존의 조직 관습 또는 문화가 적절하지 않았을 때, 조직 구성원들 간에 피드백으로 주고받을 수 있는 분위기와 채널이 있었다면 어땠을까? 만약 구성원 중 한 사람이 나서서 누군가 회사에서 중요하게 생각하는 도전, 열정을 가질 수 없는 분위기로 만들고 있다는 점에 이의를 제기하고 자연스럽게 피드백이 될 수 있는 문화라면 다른 대안을 찾아볼 수도 있지 않았을까? 피드백이 가능한 조직이었다면 시대에 흐름에 따라 조직 문화도 점진적으로 변화해 갈 수 있는 유연성이 있지 않았을까?

조직은 변화를 주고 역량을 높이겠다는 목적을 가지고 경력직 전문가들을 채용하기도 한다. 과연 경력직 중간 관리자 또는 리더는 조직 문화에 어떠한 영향을 끼칠까?

경력직으로
들어온 전문가가
흔히 하는 실수

우리 팀은 과중된 업무를 나누고 새로운 분위기를 불어넣기 위해 외부에서 전문가를 영입했다. 당시 내가 가장 많은 업무를 맡고 있었기 때문에, 업무의 일부를 어떻게 인수인계하면 좋을지 보고하라는 지시를 받았다. 그동안 내가 맡은 업무 영역이 너무 복잡하고 전문성도 요구되는 상황이어서 내심 잘 되었다고 생각하고 열심히 정리해서 보고인계를 하였다.

드디어 전문가 김 차장이 출근했다. 나와 나이도 비슷하고 업무 경험도 비슷했지만, 서로가 경험해온 회사가 달랐기 때문에 가치가 다를 수 있겠다는 짐작은 했다. 김 차장은 새로운 회사에 합류를 하였으니 그 기대에 부응하고 싶어 했고, 좋은 성과를 내야 하기에 새롭게 조직 구성을 하고 열심히 업무 파악을 하고 있었다.

김 차장이 매월 진행하는 정기 임원 보고 회의에 처음 참석하는 날이었다. 각 조직의 리더들이 나와서 업무 계획을 직접 보고했다. 그리고 드디어 김 차장의 업무 보고 시간이 되었다.

김 차장의 보고자료는 파워포인트 양식부터 기존의 우리와 다르게 만들어져 참석자들의 눈길을 끌었다. 뿐만 아니라 지금까지 우리 조직이 일해온 방식을 비판하는 내용이 다수 포함되어 있었다. 그리고 자신이 일해 온 방식의 우수성을 부각시키면서 계획을 보고하는 것으로 마무리를 했다. 내가 맡고 있던 업무의 상당 부분을 인수인계했던 터라 그의 발표는 마치 나의 일하는 방식을 비판하는 듯 느껴졌다. 회의 참석했던 사람들에게도 약간은 불편한 표정들이 스쳐 지나갔다.

그 뒤 김 차장은 새로운 프로젝트를 수주함으로써 업무 전문가로서의 면모를 유감없이 발휘하였다. 그러나 지나치게 일 중심적으로 직원들을 몰아세우고, 일에 대한 비판은 물론 개인의 자존심을 무너뜨리는 비난도 서슴없이 하기도 했다. 그러다 보니 조직 내에서 함께 일하고 싶어 하는 직원이 없었고, 부분 간의 업무 협조를 받지 못해 프로젝트 진행에 애를 먹고 있다는 이야기가 들렸다.

그의 몇몇 팀원들은 직속상관도 아닌 나에게 와서 하소연을 하기도 했다. 나 역시 김 차장이 모든 사람들 앞에서 우리 회사의 업무 방식을 비판하는 모습을 보았기에 그의 스타일이 약간 짐작되기도 하였다. 하지만 내가 김 차장과 같이 일하면서 그의 행동을 겪은 것이 아니었기 때문에 직원들에게 그의 진심을 잘 알아듣고 견뎌내라는 말밖에 해줄 수 없었다. 아마 내가 인수인계했던 업무에 대해 비판하는 보고를 보지 않았더라면 좀 더 적극적으로 김 차장을 변론해주고, 그를 따로 불러 사람들의 반응을 미리 알려주었을지도 모른다.

몇 개월 뒤 김 차장을 포함한 여러 사람들과 함께 식사를 하는 기회가 있었다. 이때 김 차장이 나에게 "그동안 제가 괜한 행동을 한 것 같습니다."라고 말하며 씁쓸하게 웃었다.

> "미처 조직 문화와 업무를 제대로 파악하지 않고 나서서 비판하고…. 먼저 직원들하고 관계 구축부터 했어야 했는데 처음부터 업무적인 것으로 너무 몰아세웠나 봅니다. 새로운 조직에 적응하는 것이 이렇게 어려울 줄 몰랐습니다."
>
> **결국 김 차장은 첫해를 제대로 채우지 못하고 다른 회사로 옮겼다.**

새로운 회사에 들어와 업무를 파악하고 자신의 역량을 발휘해야 하는 상황은 상당한 스트레스를 발생시킨다. 조직에서 빨리 인정받고 싶은 경력직 전문가는 가능하면 빠르게 업무를 파악해야 하고 전문가로서의 기대에 상응하는 능력을 보여야 하는 압박감 속에 있을 수밖에 없다. 사례 속에 등장하는 김 차장도 이 때문에 자신이 하던 방식대로 '열심히' 일했을 것이다. 그러다 보니 '일' 그 자체에만 집중하게 됐다. 구성원들과의 '관계'에서 조직 문화를 읽고 그에 상응하는 행동을 갖추어 나가야 하는데 그러지 못하면서 기존 조직 구성원들로부터 업무 협조를 받는 것이 어려워질 수밖에 없었다.

특히 첫 보고 상황, 즉 조직의 중요한 사람들과의 첫 '관계'에서 자신이 지금까지 해왔던 일 또는 전문성을 부각시키기 위해 기존의 일 하는 방식을 비판한 것은 '소탐대실'이 되어 버렸다.

스타일 스위칭
해보기

■ 자신의 행동 및 업무 스타일에 대한 자기 인식

조직을 어떻게 정의할 것인가? 조직은 결국 개인의 합이라는 것에 대한 인식이 있어야 한다. 조직 문화를 바꾼다는 것은 개인의 행동 방식을 바꾸는 것이고 개인의 행동 방식을 바꾸려면 자신의 행동 및 업무 스타일에 대한 자기 인식이 있어야만 한다.

대부분의 임원들은 자신이 위계적이라고 생각하지 않는다. 임원 코칭 시에 스스로의 업무 스타일을 묘사해보라는 과제를 주면 자신은 젊은 직원들의 의견을 충분히 경청하고 있으며, 유연하고 개방적으로 일하고 있다고 답한다. 반면에 그의 부하 직원들과 인터뷰를 해보면 위계적인 상사로 인해 의견을 이야기하기도 피드백을 하기도 어렵다고 한다. 맥킨지의 조직건강도(OHP) 리포트에서도 조직 건강을 바라보는 경영진과 직원 간의 시각차가 나타난다. 경영진은 73점, 직원은 42점으로 조직 문화 및 분위기에 대한 평가에서 31점 이상의 가장 큰 시각차를 나타냈다.

어떤 임원은 팀원들이 모였을 때 조직에 대한 의견을 이야기해보라고 권한다. 막상 부하 직원들이 말을 꺼내지 못하면 "오른쪽부터 이야기해봐.", "김 부장부터 시계 방향으로 돌면서 한마디씩 해봐."라고 지시한다. 이런 자리에서는 어느 누구도 자신의 담당 임원이 자유롭게 이야기를 들어주는 상사로 생각하지 않을 것이다. 그러나 임원은 자신이 팀원들의 이야기를 잘 듣는 사람이라고 생각한다.

이처럼 본인이 생각하는 모습과 상대방이 생각하는 모습은 다를 수 있다. 따라서 자신의 일하는 방식을 정확하게 알고 있어야 한다.

■ '관계'의 첫 단추를 잘 끼우기

새로운 조직에서 일할 때 열심히 일한다는 것은 그냥 자신의 맡은 바 업무를 열심히 하는 일방적인 행위가 아니다. 먼저 조직 문화 속에서 다른 구성원들이 일하는 방식을 이해하고, 그런 이해를 바탕으로 같이 일하는 사람들과 제대로된 '관계'를 만들 수 있어야 한다. 신뢰가 구축된 관계를 통해 생산적인 커뮤니케이션이 활발하게 일어나고, 상대방의 스타일을 고려해서 비효율적 갈등이 줄어든다.

독립적 문화에서는 앞서 언급되었던 경력직으로 들어온 전문가의 태도가 자연스럽고 자신감이 있는 모습으로 보일 수 있다. 기존의 업무 방식을 비판하는 모습도 비판 자체가 논리적으로 설득이 되는 것이라면 독립적 조직 문화에서는 상당히 긍정적인 모습으로 보일 수 있다.

반면 이러한 모습은 상호의존적(집단주의적) 문화에서는 매우 불손하고 이기적인 행동으로 비추어질 수 있다. 팀워크가 부족하고 잘난 척하는 사람으로 인식될 가능성이 높다.

만약 그 전문가가 먼저 조직 내의 사람들과 관계를 구축하는 데 좀 더 시간을 할애하고, 조직의 단점보다는 장점을 먼저 파악하고, 자신의 업무를 인수인계해주었던 사람들의 업무 방식에 대한 이해를 바탕으로 관계 구축을 했었다면 어떠했을까? 기존의 구성원들은 자연스럽게 그 전문가에게 어떤 기대를 하고 있는지, 혹은 자신의 업무 방식에 어떤 문제가 있다고 생각하는지 등 여러 가지 이야기를 해줄 수 있었을 것이다. 그런 자연스러운 관계 속에서 신뢰를 받아 조직 내 신뢰가 구축이 되면 전문가로서의 관점에서 어떤 변화가 필요한지에 대한 제안도 가능해진다.

경력직 전문가라 하더라도 기존 조직 문화에 대한 이해 없이 자신의 기존 업무 방식을 내세운다면 반박심을 불러일으켜 기존의 조직 문화를 더 강화시키는 촉매제의 역할을 하게 될 수도 있다. 외부에서 들어온 전문가가 조직 문화에 적응하지 못하고 다른 곳으로 옮겨가는 것을 반복하다 보면 기업에서는 외부 인력 선발에 소극적이게 된다. 이렇게 되면 남은 직원들은 결국 예전처럼 그냥 열심히 하는 문화 속에 갇혀 지낼 수밖에 없다.

■ 수직적 관계에서 수평적 관계로의 전환

수직적인 문화에서 수평적인 문화로의 변화가 필요한 요즘. 조직 문화 변화를 가능하게 하는 다양한 해결책들이 쏟아져 나오고 있다. 조직 문화의 실질적인 변화는 조직 구성원 간의 '일대일 관계'에서 상대방의 문화에 따른 일하는 방식을 파악하고 그에 따라 자신의 일하는 방식을 유연하게 바꾸는 것에서부터 시작된다.

물론 어디에도 절대적으로 수평적이기만 한 문화 혹은 수직적 문화는 없다. 상황이나 안건에 따라서는 지시를 통해 빠르게 실행에 옮겨야 하는 경우도 있다. 반면 구성원들이 주체적으로 실행하는 것이 중요할 경우에는 토론을 통해 다양한 의견을 수렴함으로써 구성원들이 실행에 대한 책임감을 함께 가지도록 하는 것이 매우 중요하다.

구성원들의 의견과 합의가 필요한 안건을 리더가 위계적으로 지시하게 되면 실행 과정에서 많은 갈등과 착오가 발생할 것이다. 결과론적으로 실행에 더 많은 시간이 걸리거나 중단되는 경우가 생길 수 있다.

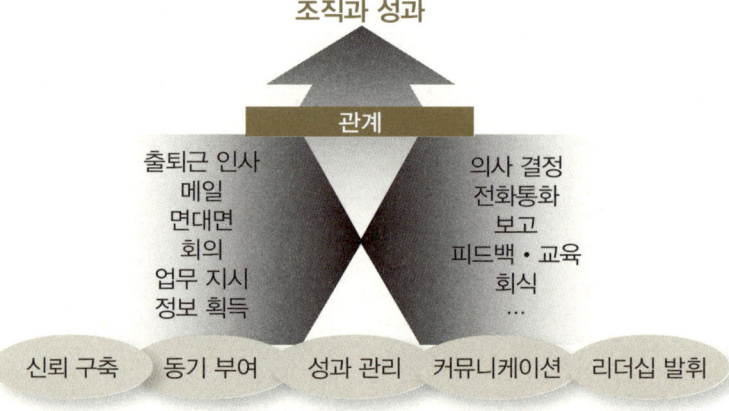

리더가 성과를 달성하기 위해서는 팀원이나 부하 직원과의 신뢰를 구축하고 일상에서 커뮤니케이션을 통해 성과 관리와 동기 부여를 해야 한다. 이렇게 조직의 성과를 달성한다는 것은 모두 구성원들과의 일상에서 일어나는 '관계Interaction'를 통해 만들어진다. 이런 관계를 수직적 관계로 이해하게 되면 자신의 지위를 활용한 '지시적' 상황이 빈번하게 발생하게 된다. 이러한 수직적 관계는 유연성이 떨어지고 부하 직원들에게 동기를 부여하는데 한계가 있을 수밖에 없다.

리더가 전략적으로 일한다는 뜻은 자신이 활용할 수 있는 권력만 사용하는 관계에서 벗어나 함께 일하는 사람들과 서로 유연하게 피드백을 주고받으며 책임감을 나누어 가질 수 있는 수평적 관계를 만드느냐에 달려 있다.

리더가 그렇게 수평적 관계를 만들면 조직 문화는 자연스럽게 수평적으로 변한다. 그런 수평적 문화는 수직적 관계 속에서 만들어진 수직적 조직 문화와 일상에서의 일하는 방식을 확연하게 바꾼다.

그리고 수직적 관계는 일방적인 커뮤니케이션으로도 충분한 상황이 대부분이지만, 수평적 관계는 쌍방향 커뮤니케이션이어야 하며, 서로 '존중'하는 관계, 그리고 서로 함께 성장하는 '파트너십'의 관계라는 차이점이 있다.

■ 수직적 조직 문화 vs 수평적 조직 문화

조직 내에서 일어나는 일상적 상황에서 수직적 문화와 수평적 문화의 일하는 방식과 행동 방식이 어떻게 다른지 비교해보겠다.

출퇴근 인사

수직적 조직 문화
- 부하 직원이 상사에게 먼저 허리를 굽혀 인사한다. (허리를 굽히는 각도는 상대적 직급의 차이와 상관관계가 있다.)

- 상사가 지나가면 일어나서 부동자세로 예의를 갖춘다.
- 본인의 업무가 다 끝났더라도 상사가 퇴근할 때까지 기다린다.
- 비자발적 야근이 빈번하다.(상사가 시키면 늦게까지 남아서 해야 하는 경우가 많고, 본인의 일이 다 끝났더라도 상사가 아직 자리에 있거나 동료들이 일하고 있을 경우 눈치를 봐야 한다.)

수평적 조직 문화
- 상황에 따라서는 상사가 먼저 다가가 인사할 수 있다.
- 하던 일을 굳이 멈추고 인사할 필요는 없다.
- 상사의 퇴근과 상관없이 본인의 업무에 따라 자유롭게 퇴근한다.
- 상황에 따라 야근을 할 수도 있지만 자신의 업무에 따라 유연하게 대처할 수 있다.

메일

수직적 조직 문화
- 업무의 성격과 범위에 상관없이 가능하면 상사를 참조에 포함해 업무 상황을 지속적으로 보고한다.
- 일상적인 안건이나 일이라도 상사의 의견이나 자문을 받는 것이 필요하다.
- 대부분의 업무는 사전보고를 통해 확인과 승인을 받는 것이 중요하다.

수평적 조직 문화
- 직접적으로 관계가 없는 일이라면 개별적 메일로 커뮤니케이션을 한다.
- 상사라는 이유만으로 굳이 참조에 넣어서 보고를 할 필요는 없다.

- 자신이 담당자인 업무라면 일일이 사전보고를 하지 않고 사후 보고하는 것이 일반적이다.

면대면

수직적 조직 문화
- 개별적 면대면 미팅은 상사의 지시로 이루어진다.
- 부하 직원이 먼저 신청하는 것은 예의가 없는 것으로 간주된다.
- 대부분의 면대면은 상사의 방에서 이루어진다.

수평적 조직 문화
- 업무상 필요하다면 부하 직원도 언제든지 면대면 미팅을 청할 수 있다. 또한 면대면은 상사가 부하 직원의 자리로 와서 자연스럽게 이루어지기도 한다.

업무 지시

수직적 조직 문화
- 상사로부터 일방적으로 이루어지며 부하 직원의 경우 지시 사항에 대한 질문을 하는 것이 쉽지 않다.
- 지시가 명확하지 않을 경우 상사에게 직접 묻기보다는 선배나 다른 동료에게 따로 물어보는 것이 일반적이다.

수평적 조직 문화
- 업무 지시 상황에서도 질문이 가능하고 업무의 목적이나 기한 등에 대해서도 자신의 현재 업무량을 검토하고 자유로운 질의를 통해 조정 및 합의가 가능하다.

정보 획득 및 공유

수직적 조직 문화
- 부하 직원이 가진 모든 정보는 상사와 공유되어야 하지만 상사가 가진 정보는 선택적으로 부하 직원에게 전달된다.
- 보고서의 상당 부분은 상사를 위한 정보 공유를 위해 만들어지기도 한다.

수평적 조직 문화
- 직급이나 직책에 상관없이 정보를 공유하는 것이 당연하게 여겨진다.
- 직급·직책에 따른 차이보다는 업무의 성격에 따라 차별적으로 공유할 수 있다.

의사 결정

수직적 조직 문화
- 대부분의 주요 의사 결정은 위에서 결정되면 지시로 내려온다. 이미 상사가 의사 결정을 내린 후 회의를 통해 표명되기도 한다.

수평적 조직 문화
- 사안에 따른 상향식 의사 결정이 빈번하고 의사 결정의 중요도 및 난이도에 따라 필요한 인원이 참여하고 결정한다.

전화통화

수직적 조직 문화
- 윗사람은 부하 직원에게 언제든지 전화할 수 있으며, 부하 직원은 근무 시간이 아니더라도 받아야 할 의무가 있다.

수평적 조직 문화
- 업무규칙에 따라 업무 시간이 아닌 경우는 가능하면 전화통화를 응해야 하는 의무가 없다.

보고

수직적 조직 문화
- 윗사람에 대한 보고가 업무 중에 가장 중요한 일로, 보고에 많은 시간을 쏟는다.
- 회사의 규정에 맞추는 것이 매우 중요하며 정의된 프로세스에 따라 제대로 된 절차를 밟아야 한다.
- 최종보고 전에 관련 리더들의 자문을 받고 개별적 의견을 받아 반영하는 하는 것이 중요하다.
- 보고를 위한 보고가 많다.

수평적 조직 문화
- 보고는 상황에 따라 유연하게 진행이 되며, 보고서의 형식보다는 전달되는 내용 등에 더욱 역점을 두어야 한다.
- 보고 상황에서도 논의와 토론을 통해 의사 결정을 할 수도 있으며, 필요에 따라 보고를 생략하거나 약식으로 할 수도 있다.

피드백

수직적 조직 문화
- 윗사람에서 아랫사람으로 내려오는 피드백은 대부분 일방적으로 이루어지는 경우가 많고 피드백이 자유롭지 못하다.
- 윗사람이 부하 직원에게 하는 것은 피드백이라기보다 충고나 격려의 형식을 띤다.

수평적 조직 문화
- 구성원들이 피드백을 자유롭게 주고받으며, 피드백의 횟수와 시간이 많은 편이다.

회식

수직적 조직 문화
- 윗사람의 의향이 가장 중요하게 반영된 일정과 방법으로 진행되며, 형식적인 회식도 많다.
- 개인의 의견이 반영되기 어렵다.

수평적 조직 문화
- 다수의 의견이 반영된 회식 일정과 방법으로 진행되며, 형식적이기보다는 실질적이다.

우리 팀이
달라졌어요!

정찬수 팀장은 매우 내성적인 성향으로 조용히 자신이 맡은 바 임무를 다하는 스타일이다. 이공계 출신으로 오랫동안 연구 부문에서 근무하면서 업무를 세심하게 챙기고 팀원들을 잘 챙긴다. 특히 그의 팀원들은 장기 프로젝트를 하면서 거의 6~7년을 같이 근무했던 직원들로 구성되어 있어 서로 굳이 말하지 않아도 무엇을 해야 할지, 무엇이 부족한지를 알고 서로에게 익숙해져 있었다. 게다가 ROTC 출신이라는 점 때문에 담당임원에게 상당한 신임을 받고 있으며, 임원이 이야기를 꺼내기 전에 미리 알아서 대응하는 것으로도 정평이 나 있다.

하지만 조직의 전략이 바뀌면서 정 팀장이 맡은 팀의 프로젝트가 중요하게 부상되었고, 이에 따라 새로운 인력이 투입되었다. 지금까지는 남자 연구원으로 구성되어 있던 팀이었지만, 다른 팀에서 자원해서 온 최현미 과장과 이번 프로젝트를 위해 신규 채용한 강아람 대리가 포함되었다.

모든 팀원이 함께 자리하는 첫날. 팀원들이 주간회의를 위해 회의실에 모였다. 팀원들이 모두 자리에 착석한 것을 확인한 박민우 과장이 정찬수 팀장에게 전화를 했다.

박민우 과장: 팀장님, 주간회의가 준비되었으니 회의실로 오시면 됩

니다.

잠시 후 회의실로 정찬수 팀장이 들어오자 기존 팀원들이 자리에서 벌떡 일어서면서 팀장에게 가볍게 허리를 굽혀 인사를 했다.
새로 들어온 최현미 과장과 강아람 대리는 깜짝 놀라 다른 사람들의 눈치를 보며 엉거주춤 자리에서 일어나는 모습으로 가벼운 목례했다.

팀장 자리도 정해져 있는지 정찬수 팀장이 자연스럽게 회의실 중앙에 비어 있는 자리에 앉으며 인사를 받았다.

정찬수 팀장: 앉아. 우리 팀 업무가 늘어난 만큼 새로운 사람들이 합류하게 되었습니다. 일단 지금은 임원회의에서 나왔던 업무 관련 이야기를 하고, 소개 등은 저녁을 먹으면서 편하게 하도록 합시다. 아무래도 팀원들이 함께 만나는 첫날인데 저녁은….

박민우 과장: 안 그래도 오늘 저녁에 있을 환영회식 겸 팀회식을 위해 제가 장소를 예약해 두었습니다! 장소와 시간 등은 문자로 곧 보내겠습니다.

박민우 과장의 이야기를 들은 최현미 과장과 강아람 대리가 어리둥절한 표정을 지었다.

정찬수 팀장: 잘 했네. 다들 참석 가능하죠? 그럼 오늘 임원회의에 참석해서 나온 안건에 대해서 간단하게 지시 전달하겠

는데….

정찬수 팀장이 빠른 진행을 위해 아침 미팅 때 정리한 노트를 꺼내 놓으며 이야기를 이어가려 하자 최현미 과장이 조심스럽게 말을 꺼냈다.

최현미 과장: 오늘 저녁에 환영식이 있다는 이야기를 미리 못 들어서요. 첫날부터 죄송하지만, 저는 참석이 어렵겠습니다. 저녁엔 저희 아이를 데리러 유치원에 가야 하는 상황입니다.

강아람 대리도 잠시 불만스러운 표정으로 팀장을 보며 뭔가 이야기하려 했지만 곧 그만두었다.

정찬수 팀장: 그래? 새로 온 사람들을 위한 자리인데 당사자가 빠지면 안 되지. 그럼 내일 하는 걸로 하죠.

정찬수 팀장의 얼굴에 잠시 당황스러운 표정이 지나갔지만, 그는 애써 태연한 모습으로 박민우 과정을 바라봤다. 그러곤 20여 분만에 업무 지시 사항을 전달하고 서둘러 회의를 마무리했다.

회의를 마무리하며 정찬수 팀장은 '근무 첫날 저녁에 환영식이 있다는 건 당연히 예상해야 하는 일이 아닌가?'라는 생각을 했다. 그 생각을 하니 강아람 대리도 뭔가 이야기하려 했었다는 것이 문득 떠올랐다. 정찬수 팀장이 회의실을 나오자 박민우 과장이 따라오면서 말했다.

박민우 과장: 팀장님. 내일은 환영식이 어렵습니다. 김 과장은 교육이, 정 대리는 휴가입니다.

정찬수 팀장: 그래? 그럼 박민우 과장이 책임지고 팀원들 일정 확인해서 전원 가능한 날로 정해서 보고 부탁해.

박민우 과장: 네, 알겠습니다.

박민우 과장은 정찬수 팀장이 팀원들의 휴가 일정을 모르는 상태에서 환영식 일정을 정한 것 같아 따로 나와서 팀장에게 조용히 이야기했다. 본인이 환영회를 준비하는 업무를 맡을 생각으로 이야기한 것은 아니었다. 그런데 갑자기 본인의 일이 되어버렸다. 박민우 과장은 이번 주에 해결해야 할 프로젝트 업무가 산더미처럼 쌓여 있던 상황에서 계획에도 없었던 회식 일정까지 챙기게 되어 스트레스가 커졌다.

에피소드에 등장하는 팀원들의 업무 스타일을 살펴보자.

정찬수 팀장

마음만 맞으면 몇 단계를 건너뛰면서 일하기 때문에 의사 결정이 빠르다. 상사의 지시 사항에 가능하면 맞추어야 하고 결정된 내용은 다소 불만이 있더라도 실행해야 한다고 생각한다. 본인이 주재한 경우에는 회의가 길어지는 것을 기피하고, 너무 많은 분석 및 논쟁을 좋아하지 않는다. 본인의 의견만 전달하는 통보식 회의일 경우가 많다. 회사 내 관계 구축을 위해 회식이나 회합 등의 시간을 할애하지만 업무의 진행에 방해가 되지 않는 선에서 유지하려고 노력한다.

박민우 과장

본인의 속마음을 좀처럼 드러내지는 않는다. 면대면 상황보다는 메일을 선호한다. 상사가 지시한 마감 기한은 지키지만, 동료들이나 부하 직원들의 요청 사항은 항상 늦어져서 평판이 좋지는 않다. 담당 업무가 공정 관리이다 보니 작은 실수가 본 제품에 큰 영향을 줄 수 있기 때문에 하나부터 열까지 꼼꼼하게 따져서 일한다. 야근을 자주 하지만, 혼자 남아서 일하는 경우가 많다.

최현미 과장

상사 앞에서 과도하게 겸손하거나 본인의 성과에 대해서 정확하게 전달하지 못하는 것은 일을 잘 못하는 것이라고 생각한다. 업무를 효율적으로 진행하기 위해 질문을 통해 구체화하고자 한다. 이전 팀에서는 팀장의 전적인 신임으로 혼자 프로젝트를 진행하기도 했으며 자신이 맡은 분야에서는 전문가로 정평이 나 있다. 직장에서 동료들과 어울리기보다 가능하면 업무시간에는 업무에 집중해야 한다고 생각한다.

강아람 대리

프로젝트 관리 업무를 담당하고 있어 외부에 나가서 일하는 경우가 많다. 직급은 대리지만 외부에서는 팀장급의 의사 결정을 하다 보니 가끔은 성급하게 업무를 처리하기도 한다. 그래도 고객과 돈독한 관계를 유지하고 있기 때문에 큰 실수 없이 일해 왔다. 부당하다고 생각하는 것이 있으면 서슴없이 나서는 편이라 동료들과 부하 직원들에게는 부러움을 사거나 인기가 많았다. 반면 상사들과는 사이가 좋은 편이 아니었다. 그래서 이번에 경력직으로 들어오면서부터는 조심해야겠다고 다짐했다.

정찬수 팀장은 본인 팀의 커뮤니케이션 방식이 매우 효율적이라는 자부심을 가지고 있었다. 개인의 업무 시간을 최대한 효율적으로 사용할 수 있도록 비효율적인 회의를 하지 않고 매주 1번, 30분 정도 진행하는 주간회의 때 업무 지시를 하는 것 외에 대부분은 사내 메신저를 통해 팀원들과 소통한다. 점심시간은 사내식당에서 다함께 간단하게 먹고 각자 운동을 하거나 교육 등으로 시간을 활용했고, 이에 대해 이의를 제기한 사람은 아무도 없었다.

하지만 새로운 직원들은 점심 식사도 외부 약속이 있다며 따로 하기도 했으며, 회의 시간도 예전과 달리 큰 성과 없이 길어지는 경우가 많아지고 있다. 특히 다른 팀에서 자원해서 온 최현미 과장의 경우 불필요한 질문으로 팀 회의를 지연시키거나 정찬수 팀장에게 면대면을 요청하는 등 이전 직원들과는 매우 상반된 반응을 보이는 바람에 가끔 곤란한 상황에 직면하기도 한다.

팀이 커지면서 실제 만들어내야 할 성과 목표는 더욱 높아진 반면 실질적으로 업무의 효율성은 예전의 반에도 못 미치는 듯 하다. 이럴 바에는 차라리 충원 없이 예전 멤버들로만 일을 하고 싶을 정도였다. 소통의 문제와 갈등으로 업무가 진척이 되기보다는 매일 새로운 사건으로 인해 뒷걸음질 치고 있는 기분이다.

이렇게 새롭게 구성 된 팀의 경우 함께 일을 하는데 있어 상대방의 행동에 대한 기대치와 커뮤니케이션 방식 등이 다르다 보니 업무를 열심히 하면 할수록 갈등이 커지는 상황이 될 수 있다. 정찬수 팀장과 팀원들의 업무 스타일을 진단해보면 아래와 같이 매우 다양한 모습으로 보인다.

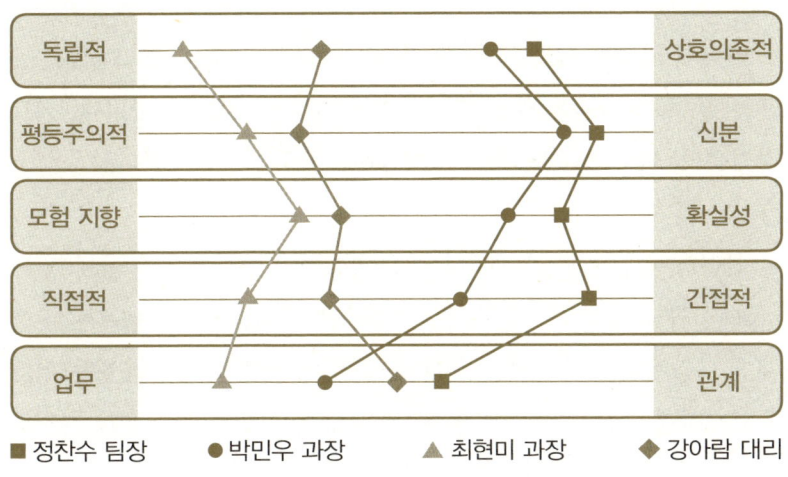

자료 출처: Aperian Global GlobeSmart ® Profile

이 사례는 많은 기업의 팀장들이 겪는 문제이다. 예전에는 서로 편하게 이야기할 수 있는 남자 직원들 중심으로 일했기 때문에 굳이 말하지 않아도 편하게 커뮤니케이션이 되는 경우가 많았다. 그러나 이제는 전혀 경험해보지 못했던 구성원들이 합류하는 속도가 빨라지고 있으며, 팀장으로서 요구되는 스킬도 다양해졌다.

나와 다른 업무 스타일을 가진 팀원들과 함께 일하려면 어떻게 해야 할까? 서로의 일하는 방식에 대해서 인식하고 상대방이 나에게 원하는 행동을 예측할 수 있어야 한다. 무엇보다 리더의 경우 자신의 업무 스타일만을 고집하며 다른 팀원들이 무조건 맞춰주기를 기대하기보다는 상황이나 안건에 따라 팀원들의 방식에도 맞출 수 있어야 한다. 조직 문화와 핵심 가치에 연관된 행동 규범이 있다면 팀에서의 행동규칙 등을 정할 필요가 있다. 그리고 그렇게 정해진 규칙은 업무 상황에서 반영되어야 한다.

리더의 입장에 대해 이야기하기 위해 골프로 예를 들어보겠다. 골프를 잘 치는 사람은 골프 가방에 다양한 채를 가지고 다니며, 실제 경기를 할 때도 상황에 따라 그에 맞는 골프채를 사용한다.

연습장에서 골프를 배워서 처음 필드에 나갈 때는 누구나 월백(100타 아래의 타수로 치는 것)을 목표로 한다. 이때는 대부분 골프채가 드라이버, 7번 아이언, 그리고 그린에 올렸을 때 사용하는 퍼터 등 3가지면 충분하다. 물론 골프 가방 안에 다양한 골프채를 가지고 있을 수도 있지만 어떻게 써야 하는지 잘 모른다.

그렇지만 골프를 잘하게 될수록 다양한 골프채를 사용할 수 있어야 한다. 다양한 장애물을 만날 때마다 또는 타수를 줄여야 하는 목표를 달성하기 위해서는 적절한 골프채를 사용하기 위한 세심한 의사 결정이 필요하다.

회사에서 성과를 내는 방법도 마찬가지다. 그냥 내가 원하는 스타일로 일하겠다는 것은 골프채 3개를 가지고 골프에서 이븐파(규정 타수를 치는 것)를 내겠다는 것만큼 실현 불가능한 목표이다. 혼자 성과를 내는 것은 한계가 있다. 나와 같이 일하는 팀원들로 하여

금 성과를 내도록 하려면 같이 일하는 사람들의 기대치를 읽어내고 함께 일하는 방법에 대해서 피드백을 주고받으며 조금씩 협업을 통해 성과를 창출할 수 있어야 한다.

정찬수 팀장의 경우 늘어난 다양한 팀원들의 기대치와 업무 스타일을 관찰하고 자신의 리더십 스타일을 상황과 상대에 따라서 스위칭해야 하는 단계에 있다. 자신의 업무에 대한 전문성도 중요하지만 다양한 팀원들과 소통하고 팀의 성과를 만들어낼 수 있도록 이끌 수 있는 소프트 스킬(기업 조직 내에서 커뮤니케이션, 협상, 팀워크, 리더십 등을 활성화할 수 있는 능력)이 필수가 되었다.

이제는 소프트 스킬의 가이드라인을 잡아 줄 글로브스마트의 업무 스타일 진단 등을 통해 서로의 차이를 확인하고, 각자가 상황에 따라서 서로 맞추어 가야 한다. 이러한 과정에서 팀의 일하는 방식이 바뀌고 조직 문화가 바뀌게 된다.

팀의 업무 스타일 스위칭 해보기

단계 1. 상대를 당신의 가치관에 따라 판단하고 있음을 자각하기

우리는 모두 자신의 가치관에 견주어 상대를 판단할 수밖에 없다. 이러한 판단은 대부분 무의식적으로 일어나기 때문에 스스로 인식하는 것이 쉽지는 않다. 그러한 인식을 의도적으로 하려면 최대한 자신의 생각을 말로 표현해야 한다.

만약 당신이 부하 직원의 행동을 보고 자신도 모르게 "왜 저러지? 상식적으로 말이 안 되잖아?"라고 말했다고 가정해보자. 이때 당신이 생각하는 일반 상식의 선을 점검해보아야 한다. 앞서 나온 정찬수 팀장도 '인사이동 후 첫날은 당연히 회식이 있을 거라 예상해야 하지 않나?'라고 혼잣말을 했다. 정찬수 팀장처럼 자신이 생각하기에는 너무나 당연한 것이 무시되거나 엉뚱한 반응이 나올 때 부정적인 반응을 먼저 보내기보다 한번 쉬고 상대의 행동을 '틀리다'가 아닌 '나와 다름'으로 인지하는 점검 단계를 거쳐야 한다.

단계 2: '쌍방향' 커뮤니케이션

상대의 행동이 자신이 생각하는 옳은 또는 적절한 행동과 다르면 태도에 문제가 있다고 생각하거나 상식이 없다고 판단해 버린다. 여기서 잊지 말아야 할 중요한 점은 당신이 그렇게 생각하는 것처럼 상대도 당신과 같은 생각을 할 수 있다는 것이다. 그래서 조직에서 업무를 할 때는 '쌍방향' 커뮤니케이션이 중요하다. 리더라면 구성원들과 피드백을 주고받을 수 있는 기회가 얼마나 자주 있는지 고민해 보아야 한다.

이런 커뮤니케이션을 처음 시도할 때는 불편한 느낌이 들고, 한두 번 불편한 커뮤니케이션을 하다 보면 아예 '관계' 자체를 포기하는 경우가 많다. 주위에 커뮤니케이션을 메일이나 문자로만 간단하게 하고, 회의 시간에는 가능하면 눈을 마주치지 않으며, 회식을 미루거나 불참하는 동료나 부하 직원이 있지 않은가? 이런 팀원이 있을 경우 누가 먼저 쌍방향 커뮤니케이션을 위한 행동해야 할까? 당연히 리더가 먼저 행동해야 한다.

쌍방향 커뮤니케이션의 계기를 마련하는 좋은 방법은 팀 워크숍이다. 업무 중심적인 팀장의 경우 주로 해야 할 일로 꽉 채워 결과를 만드는 워크숍을 기대한다. 반면 관계 중심적인 팀장은 아예 특별한 계획 없이 '관계 구축'만을 위해 워크숍을 진행하기도 한다. 하지만 어느 쪽에도 치우치지 않는 균형이 중요하다. 특히 쌍방향 커뮤니케이션을 위한 피드백 방법(포스트잇 사용 등)을 활용하여 일하는 방식과 팀 활동 및 각자의 역할에 대한 생각과 느낌을 나누는 것에 충분한 시간이 할애되도록 해야 한다. 이런 워크숍을 처음 진행할 경우에는 전문가의 도움을 받는 것이 좋다.

단계 3: 팀 내 소통 규칙 정하기

　팀이 함께 일할 때 지켜야 할 기본적인 규칙을 함께 정하는 것이 매우 중요하다. 교육을 진행할 때도 가장 먼저 해야 할 것이 참석자들이 지켜야 할 규칙을 정하는 것이다. 함께 정한 규칙을 참석자들이 인지할 수 있도록 짧게라도 설명하는 시간도 반드시 필요하다.
　하루 8시간 이상 그리고 매일 함께 같은 공간에서 일하는 팀원들의 경우, 위와 같이 규칙을 정하는 것이 매우 중요하다. 하지만 대부분의 업무활동에서 암묵적으로 이 정도는 '기본'이라고 생각하고 공유되지 않는 규칙이 많이 있다.
　어떤 행동이 서로를 존중하고 함께 성과를 만들어가는데 중요한 규칙이라고 생각하는지 논의하는 과정을 통해 각자가 생각하는 규칙들을 이해하는 생산적인 시간을 가질 수 있다. 또 함께 만든 규칙이라면 암묵적인 규칙과는 달리 지켜야 할 의무감을 배가할 수 있다.

단계 4: 피드백 시간을 확보하기

　초기에는 서로에게 피드백을 주고받는 횟수와 시간을 확보해야 한다. 특히 서로의 업무 방법이 다른 경우라면 리더는 사소한 행동이나 반응에도 잠시 멈추고 질문하고 이야기할 수 있는 기회를 많이 만들어야 한다. 업무 중심적인 사람에게는 피드백 시간을 가지는 것이 일의 진행을 늦추는 것처럼 보일 수 있다. 그러나 피드백을 통해서 갈등을 겪고 그 갈등을 극복했을 때 신뢰가 쌓이게 되며 새로운 관계로의 발전이 가능해 진다.

갈등을 두려워하여 상호작용의 횟수가 줄어들게 되면 팀 내의 에너지가 줄어든다. 표면적인 관계만 팀일 뿐 실질적으로 모래알처럼 각각 흩어져 서로 최소한의 일을 할 뿐 목표로 정해진 성과와는 멀어지게 되는 것이다. 피드백은 팀원들과 함께 하는 회의나 미팅, 또는 회식에서 주고받을 수 있다.

팀장과 팀원 간의 면대면 면담도 필요하다. 팀의 규모에 따라 달라질 수 있지만 적어도 매달 정기적인 개별 면담은 기본으로 이루어져야 한다. 팀원들에게 사기진작과 동기 부여를 잘하는 팀장은 자신의 업무 시간에서 매일 1시간 정도를 팀원과의 개별 면담에 할애하는 경우도 있다.

단계 5: 작은 변화부터 적용하기

일단 피드백을 통해 알게 된 서로가 원하는 행동을 바탕으로 팀 내 규칙을 정했다면 작은 변화부터 꾸준히 팔로우업하며 행동의 변화를 확인하는 작업을 해야 한다. 작은 변화의 바로미터가 될 수 있는 것은 '회의 진행 방식의 변화'이다. 회의 진행 모습은 조직 문화의 변화와 리더십 스타일 및 팀장과 팀원의 업무 스타일의 변화를 가장 정확하게 파악할 수 있는 중요한 단면이기 때문이다.

스위칭에서
변화로 정착시키기

정찬수 팀장의 팀원들은 수직적 조직에서 수평적 조직으로 변화하기 위해 업무 스타일을 진단했다. 이후 어떻게 일하면 효율적인 팀이 될 것인가 등에 대해 이야기하고 서로의 업무 스타일에 대한 피드백을 주고받으면서 팀의 분위기가 달라지고 있다.

서로의 의견을 주고받기 위한 워크숍과 개별 피드백 시간 등으로 쌍방향 커뮤니케이션을 위한 시간이 예전에 비해 많이 늘어 한동안 업무의 진행 속도가 늦어지기도 했다. 하지만 차츰 팀원들 간의 신뢰가 구축되고 서로에 대한 이해가 높아지면서 각자 업무에 대한 몰입도가 높아지기 시작했다.

새로운 직원들과 함께 일하기 시작한 지 6개월. 가장 큰 변화는 회의를 진행할 때 보여주는 모습에서 알 수 있다.

> 정찬수 팀장과 박민우 과장, 그리고 최현미 과장이 이야기하면서 회의실에 들어왔고, 이미 와 있는 팀원들은 올림픽 경기 결과에 대한 이야기를 하고 있었다. 정찬수 팀장도 몇 마디 거들며 잠시 음수대로 가서 자신의 커피를 챙겨왔다.
>
> **최현미 과장:** 팀장님! 제가 오늘 팀장님 커피 미리 챙겼는데요!
> **정찬수 팀장:** 고마워! 오늘은 2잔 마셔야겠네.

그러곤 정찬수 팀장은 올림픽 이야기기를 하며 팀원들 한 사람, 한 사람에게 가벼운 인사를 나눴다.

강아람 대리: 이제 미팅 시작해야죠? 오늘 진행은 제 담당입니다. 시작하겠습니다. 오늘 주요 안건은 지난주 금요일에 이야기했던 새로운 프로젝트 업무 배정 건입니다.

정찬수 팀장: 모두의 의견을 반영하는 것이 좋으니 각자 자기 의견을 이야기해보죠.

최현미 과장: 팀장님! 프로젝트 내용을 좀 더 구체적으로 어떤 것인지 전원이 공유하면 의견 내기가 더 쉬울 것 같은데요.

정찬수 팀장: 대략적인 업무는 박민우 과장이 전체에게 전달했을 텐데…. 프로젝트의 구체적인 업무 사항은 담당자가 정해지면 담당자에게 보다 상세하게 전달하는 것이 더 효율적일 것 같아.

박민우 과장: 네, 팀장님. 일단 1페이지로 정리해서 전체 메일로 보낸 후 모두 메일 읽은 것 확인했고, 팀장님께는 메신저로 보고했습니다.

강아람 대리: 다같이 모여 있을 때 쉽게 말로 설명해주시면 안 될까요?

박민우 과장: 팀장님, 어떻게 할까요?

정찬수 팀장: 뭐, 나한테 물어볼 게 있나…. 팀에 두 사람이나 원한다니 박민우 과장이 설명해줘.

박민우 과장은 본인이 작성한 1페이지 보고서를 화면에 띄우고 약 20분 정도 소상하게 설명했다.

박민우 과장: 제 이야기가 좀 길었습니다. 질문 사항 있으신 분?

정찬수 팀장: 항상 박 과장이 꼼꼼하게 준비해줘서 내가 이야기하는 것보다 훨씬 이해하기가 쉽네.

최현미 과장: 제가 이전 회사에서 비슷한 프로젝트를 진행한 경험이 있습니다. 관련 전문가들도 꽤 알고 있고요. 다른 분들이 괜찮으시면 제가 담당해서 진행해보고 싶습니다.

강아람 대리: 저도 이 프로젝트에 참여해서 경험을 쌓고 싶습니다.

미팅은 그렇게 1시간 정도 후에 끝났다. 예전보다 미팅 시간은 길어졌지만 회의에 참석한 팀원들의 활발한 의견 교환으로 에너지가 넘치는 모습이다.

최현미 과장: 팀장님, 회의 끝나고 시간 괜찮으세요?

정찬수 팀장: 무슨 일 있습니까?

최현미 과장: 이것저것 문의드릴 것이 있습니다. 1시쯤 미팅룸에서 뵐까요? 제가 '창의 회의실' 예약해 두겠습니다.

정찬수 팀장: 그래. 30분 정도면 충분하지? 최 과장이 보자고 해도 난 이제 겁이 안 나. 하하하.

다음 표는 정찬수 팀장과 초기에 가장 많은 차이가 있었던 최현미 과장의 변화만 강조해서 설명한 것이다. 실제로 이외 다른 직원들도 함께 일하면서 조금씩 변화되었을 것이다.

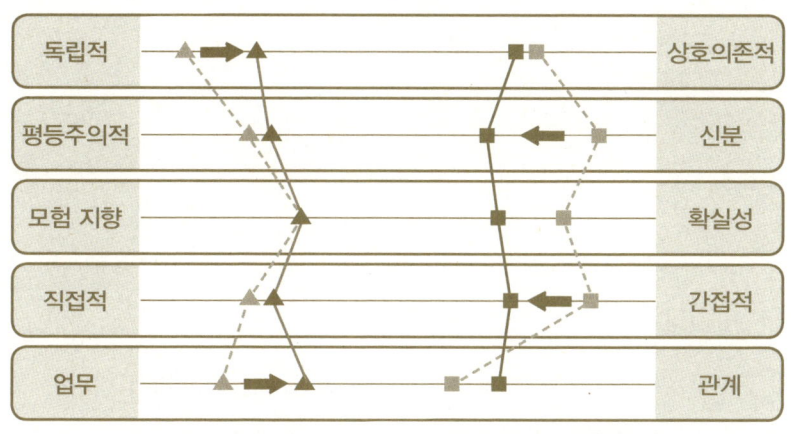

자료 출처: Aperian Global GlobeSmart ® Profile

상대방을 바꾸려고 하지 말고 당신이 바뀌면 된다. 당신이 조금이라도 바뀌면 상대방은 더 많이 바뀐다. 특히 당신이 조직 내에서 리더 역할을 하거나 중요한 일을 담당하고 있다면 더 큰 변화가 생길 것이다.

이제는 그저 열심히 일하는 것을 미덕으로 여기기보다는 스타일 스위칭을 통해 전략적으로 일해야 한다.

에필로그

김명희

"피할 수 없으면 즐겨라."라고 쉽게 말하지만 회사에서 일하는 것이 인생의 도전처럼 어려울 때가 많다. 그런 대부분의 도전은 돌이켜 보면 결국 '관계'에서 비롯된 것으로, 나의 경우 대부분 상사와의 관계에서 가장 큰 어려움을 겪었다. 그 당시에는 이해할 수 없었던 행동, 혹은 내 상식으로는 이해가 되지 않았던 행동이 이렇게 업무 스타일로 풀어서 비교하면서 이해할 수 있었다.

개인의 성장이 곧 조직의 성장이고 행복한 개인들이 모이면 긍정적인 조직이 될 수 있다고 믿는다. 다름을 틀림으로 보지 않고 서로의 업무 스타일을 맞추어간다면 개인과 조직 모두 행복하게 성장하리라 믿는다. 조직의 관계 속에서 어려움을 겪고 있거나 겪었던 사람들이 이 책을 통해 내가 도움을 받았던 것처럼 해답을 찾게 되기를 바란다.

컬쳐트리의 지원자이신 어페리안 글로벌[Aperian Global]의 공동 CEO이신 어니 건들링박사님[Dr. Ernest Gundling]과 출판의 긴 과정을 함께 해준 ㈜컬쳐트리의 홍상희실장에게 고마움을 전한다.

김 시 내

누구나 생각할 것이다. '나만 회사생활이 이렇게 힘든 걸까?' 팀으로 일을 할 수밖에 없는데, 온통 나를 힘들게 하는 사람들뿐이다. 함께 일하기 답답한 사람, 얌체 같은 사람, 무례한 사람, 내 노력을 알아주지 않는 상사, 내 업무 방식을 트집잡는 상사. 내가 어떻게 해야 할지 속 시원하게 조언을 해줄 사람도 없다. 조직 내에서 지위가 올라가고 팀장이 되면 달라질까? 책임이 커지는 만큼 문제는 풀기 더 어려워진다. 그러나 부하 직원들의 업무 처리를 보면 이건 '다름'이 아니라 '틀려먹은' 것만 같다.

이 책을 준비하면 깨닫게 된 것은 '우리는 모두 상대적으로 다르다'는 것이다. 상대방과 불편한 이유는 그 사람이 나쁘거나 잘못해서가 아니라 나의 방식과 그의 방식이 다르기 때문이다. '다름'의 원리를 이해하면 서로 간의 업무 방식의 차이를 이해할 수 있다. 그 원리에 따라 상호작용하는 방식을 조금만 변형해주어도 상대방을 미워하거나 내 가치관을 꺾지 않고도 시너지를 높일 수 있다. 돌이켜보면 나와 업무 스타일이 달라 충돌했던 동료들이야말로 나의 부족한 역량을 보완해주었던 흑기사들이었다.

김 행 미

우리들은 주변 사람의 영향이나 또는 경험에서 무의식적으로 내린 결론에 근거하여 자신에 대한 믿음을 키워나간다. 실제로 그가 어떤 사람인지보다는 내가 인식하는 그가 누구인지로 평가하고 판단한다.

그때의 나는 참 세련되지 못했었다. 그들보다 내가 더 많이 알고 있고 더 높은 성과를 내어야 한다는 교만함과 우월감으로 그들의 다름과 강점을 편히 바라보지 못했다. 그 차이를 인정하고 그들이 제자리에 도달할 때까지 기다려주지도 않았다. 솔직히 말해서 그때는 기다려줄 여유가 없었다. 그러나 지나고 나니 조직에서 요구되는 파트너십은 똑같은 생각을 하는 것이 아니라 다양한 생각으로 각기 다르게 보면서 같은 목적을 이루기 위해 행동하는 힘을 발휘하는 것이라는 것을 알게 되었다.

요즈음의 나는 사람을 성장시키는 일이 좋다. 그래서 이 책이 조직에서 같은 목적을 이루기 위해 각자의 다른 생각으로 하루하루를 치열하게 살아가고 있는 후배들이 그들의 변화와 도전으로 조직을 다양하고 역동적으로 이끌어 갈 수 있도록 성장해 나가는데 반드시 기여하기를 간절히 소망해본다.

설 금 희

현장에서 일하는 많은 후배들이 과업과 관계에서 발생하는 갈등으로 힘들어하는 것을 보게 된다. 나 역시 현장에서 경험한 적이 있었기 때문에 쉽게 공감된다. 사람들은 저마다 고유한 기질과 성격 유형, 행동 특성을 가지고 있다. 반면에 학습과 문화에 의해 만들어진 개인의 업무 스타일도 가지고 있다. 이러한 것들이 개인마다 다르기 때문에 조직에서 함께 일하다보면 갈등 상황이 만들어진다.

우리는 창의적 협업이 요구되는 시대에 살고 있으며, 조직에서 창의적 협업을 하기위한 의견 차이는 필수라고 생각한다. 아이디어 통합이나 중요이슈에 대한 토론에서 의견차이가 발생될 수 있으며, 이 차이를 어떻게 관리하느냐에 따라 발전적 방향의 창의적 협업이 되거나 또는 심각한 갈등 상황으로 전개될 수도 있다. 무엇이 이러한 차이를 만들어내는 것일까? 우리는 그 답을 찾기 위해 부단히 노력하고 있다.

이 책에서는 업무 스타일이라는 관점에서 서로의 다름을 이해하고 관리할 수 있도록 구체적인 설명과 실제 사례를 다루고 있다. 그동안 막연하게 "우리는 스타일이 서로 달라!"라고 말했던 것에 대한 구체적인 의미와 그 차이를 발견하게 된다면 책을 만든 보람이 있을 것 같다. 창의적 협업을 만들기 위해 애쓰고 있는 후배들에게 도움이 되기를 기대해본다

조유진

30여 년의 직장생활을 새삼 되돌아보니 참으로 많은 일들이 주마등처럼 지나가면서 한 직장 후배의 말이 떠올랐다.

"선배님은 상사 앞에서 말하기 곤란한 의견들을 솔직하게 말하는데 그 용기가 대단한 것 같아요. 그런데 신기한 것은 상사들이 선배님을 못마땅하게 생각하는 것이 아니라 오히려 신뢰하는 것 같거든요. 정말 그 이유를 모르겠어요. 제가 상사라면 선배님처럼 할 말을 다하는 부하 직원은 싫어할 것 같은데 말이죠."

그때는 나 자신도 그 이유를 몰랐다. 그런데 지금 와서 생각해보니 그 이유는 내가 전달하고자 하는 내용을 그냥 말하고 싶은 대로 말하는 것이 아니라 상대방의 성향과 업무 스타일에 맞는 방법을 찾아서 커뮤니케이션을 했기 때문이었다.

'지피지기면 백전불태'이라는 말이 있다. 상대방을 알고 나를 알면 백번 싸워도 백번 이긴다는 말인데, 이는 조직에도 적용할 수 있는 말이다. 나와 함께 일하는 상사나 부하 직원 또는 동료의 성향이

모두 다름을 인정하고 상대방의 업무 스타일에 맞는 적절한 방법으로 커뮤니케이션을 한다면 원하는 결과를 쉽게 얻을 수 있으며, 직장에서의 갈등과 스트레스도 많이 줄어들 것이다. 그런 의미에서 이 책은 시니어에서 주니어에 이르기까지 조직에서 일하는 모든 분들에게 많은 도움이 될 것이다.

김주현

우리는 매일 소통하는 현실에 살고 있다. 개인적으로는 가족, 친지, 친구, 회사에서는 상사, 동료와 소통하면서 보람과 긍정적인 감정도 느끼지만, 우쭐대기도 하고 상처를 입기도 하면서 평정하지 못하는 하루하루를 보낼 때도 많다. 겉으로는 괜찮은 척하지만 속으로는 상처받고, 아닌 척하면서 돌아보면 자존심도 상하고 또 그렇게 휘둘리는 자신이 싫어서 속상해 한다.

우리는 관계 속에서 나를 새로이 느끼고 알아가지만, 내가 아는 만큼만 상대를 이해하고 알고 있다는 생각이 든다. 상대가 다를 때, 나와 틀리다고 생각하면서 무의식중에 우열을 가리고 자존심에 상처를 내기도 한다. '다름'에 대한 중립적인 인정이 왜 이렇게 어려운 것인지 모르겠다. 판단하지 않고 다름을 받아드리고 있는 그대로 보는 것이 참된 자세라는 것을 머리로는 알지만, 현실에서 어떻게 적용하고 실천해야 할지에 대해서는 잘 알지 못한다.

이 책은 사람 개인마다의 '다름'을 각 개인의 '문화' 차이라는 설명으로 시작하여, 이 다름이 업무 현장에서 어떻게 영향을 주고 있는지, 또 어떤 갈등으로 나타나는지에 대한 이야기가 담겨 있다. 독자들이 저자들의 경험이 녹여진 에피소드를 객관적으로 들여다보면서 상황을 간접적으로 경험하고 조금씩 변화되는 자신을 기쁘게 바라

볼 수 있으면 좋겠다.

이 책에서 사용한 진단 도구인 글로브스마트^{GlobeSmart}는 어페리안 글로벌$^{Aperian\ Global}$ 사에서 개발했으며, 포춘^{Forutne} 100대 기업 중 3분의 1이 직원교육에 활용하고 있다. 한국에서는 파트너사인 컬쳐트리에서 진단과 관련 교육 프로그램을 제공하고 있다.

컬쳐트리는 일하는 방식의 변화와 건강한 조직 문화를 만들기 위한 세미나, 워크숍, 이벤트, 책 등을 만들고 있다.
- culture-tree.com
- facebook.com/culturetreesns
- blog.naver.com/culturetree02

이제 일하는 방식을 바꿔라!
스타일 스위칭

초판 1쇄 인쇄	2016년 9월 22일
2쇄 발행	2016년 11월 15일

지은이	김명희 · 김시내 · 김주현 · 김행미 · 설금희 · 조유진
발행인	우정식
기획총괄	우세웅
책임편집	이지현
홍보 · 마케팅	정태연 · 김수정 · 정우진
북디자인	신은경

펴낸곳	슬로디미디어
출판등록	제306-2015-6호(2015년 4월 7일)
주소	서울시 중랑구 용마산로 209, 307호 (면목동, 제3층)광명빌딩
전화	02)493-7780
팩스	0303)3442-7780
전자우편	wsw2525@gmail.com(원고 투고 · 사업 제휴)
홈페이지	http://slodymedia.modoo.at
블로그	http://slodymedia.me
페이스북 · 인스타그램	slodymedia

ISBN 979-11-955479-4-4 13190

※이 책은 슬로디미디어와 저작권자의 계약에 따라 발행한 것으로 본사의 허락 없이는 무단전재와 복제를 금하며, 이 책 내용의 전부 또는 일부를 사용하려면 반드시 저작권자와 슬로디미디어의 서면 동의를 받아야 합니다.
※잘못된 책은 구입하신 서점에서 교환해 드립니다.

이 도서의 국립중앙도서관 출판예정도서목록(CIP)은 서지정보유통지원시스템 홈페이지(http://seoji.nl.go.kr)와 국가자료공동목록시스템(http://www.nl.go.kr/kolisnet)에서 이용하실 수 있습니다.
(CIP제어번호 : CIP2016022675)